U0646750

浙江大学社会科学研究基础平台
Social Science Experiment Center of Zhejiang University

浙江省哲学社会科学重点研究基地重点项目（项目批准号：13JDQY02Z）

浙江省自然科学基金青年项目（项目批准号：LQ14G030011）

国家自然科学基金面上项目（项目批准号：71373235）

中央高校基本科研业务费专项资金资助

中国商品交易市场发展：
理论与实证

Development
of China's Commodity Markets：
Theory and Evidence

◎ 吴意云　著

ZHEJIANG UNIVERSITY PRESS
浙江大学出版社

图书在版编目(CIP)数据

中国商品交易市场发展:理论与实证 / 吴意云著.
—杭州:浙江大学出版社,2014.12
ISBN 978-7-308-14134-5

Ⅰ.①中… Ⅱ.①吴… Ⅲ.①国内市场—研究—中国
Ⅳ.①F723

中国版本图书馆 CIP 数据核字(2014)第 283340 号

中国商品交易市场发展:理论与实证
吴意云 著

责任编辑	田 华	
封面设计	刘依群	
出版发行	浙江大学出版社	
	(杭州市天目山路 148 号 邮政编码 310007)	
	(网址:http://www.zjupress.com)	
排 版	浙江时代出版服务有限公司	
印 刷	杭州日报报业集团盛元印务有限公司	
开 本	700mm×960mm 1/16	
印 张	10	
字 数	150 千	
版 印 次	2014 年 12 月第 1 版 2014 年 12 月第 1 次印刷	
书 号	ISBN 978-7-308-14134-5	
定 价	30.00 元	

版权所有 翻印必究 印装差错 负责调换

浙江大学出版社发行部联系方式 (0571)88925591;http://zjdxcbs.tmall.com

目　录

图目录

表目录

1 绪 论

1.1 研究背景

根据《中国商品交易市场统计年鉴》的定义,商品交易市场是指众多买者和卖者在固定交易场所和设施内从事消费品以及生产资料等各类现货商品的经常性交易的市场。商品交易市场的交易活动一般以批发为主或批零兼营,其早期形态主要表现为农村集市贸易或集贸市场。[①②] 在近代,传统集贸市场一直是乡村地区最重要的商品流通渠道;城市的集市贸易主要经营居民日用消费品,如蔬菜瓜果之类,或是由政府建设和管理的专业(批发)集市。新中国成立后,高度集中的

① 商品交易市场的名称自改革开放以来多次变更,过去也称为"自由市场"、"农贸市场"或"集贸市场"等,1995年始称为"商品交易市场"。不同年份商品交易市场的统计口径有所不同。以《中国市场统计年鉴》和《中国商品交易市场统计年鉴》为例,历年的统计口径是:(1)1975—1978年为农村集贸市场基本情况;(2)1979—1994年为城乡集贸市场(城市集市贸易于1979年1月开放)基本情况;(3)1995年以后称为商品交易市场,包括消费品市场(即集贸市场)和生产资料市场的基本情况;(4)2000年后开始统计亿元以上商品交易市场基本情况,2003年以后《商品交易市场统计年鉴》不再报告亿元以下商品交易市场的基本情况。

② "商品交易市场"一词在《中国商品交易市场统计年鉴》中被翻译为"commodity exchange market",在《新帕尔格莱夫经济学词典》中对应的概念应该是"集贸市场"(market places),即"得到当局批准的、商品买家和卖家在某个特定时间相聚、或多或少受到严格限制或规定的公共场所"。后者还通过描述集贸市场九个方面的主要特征,将其与期货市场、大商场、拍卖市场以及超级市场等市场制度区分开来。

计划经济将商品的流通纳入计划管理体系，集市贸易经历了多次放松和关闭的交替，发展十分缓慢。改革开放以来，随着农村家庭联产承包责任制的推行，以及针对农民从事非农产业限制的放松，商品交易市场于 20 世纪 80 年代初在全国各地兴起，并迅速成为与当时以城市为主要服务对象的国合商业体系并行的、以农村为主要服务对象的商品流通体系。20 世纪 90 年代中期以后，城乡经济体制改革的不断深化和市场经济体制的逐步确立使上述两种商品流通渠道日渐融合，商品交易市场在经济生活中扮演着越来越重要的角色。

据统计，1975 年至 2003 年我国商品交易市场的数量由 31238 个增至 87728 个，成交额由 105.5 亿元大幅增至 34859.6 亿元；此后，随着商贸流通领域全面开放，商品交易市场的发展开始由数量扩张阶段进入质量提升阶段，市场总数虽然逐渐回落，但成交额保持了高增长态势。特别地，我国成交额在亿元以上的商品交易市场数由 2000 年的 3087 个增至 2012 年的 5194 个，其成交总额由 16359 亿元增至 93024 亿元。2012 年，亿元以上商品交易市场的成交额占批发零售业社会消费品零售总额的比重达到 44.2%，占限额以上批发零售贸易业商品销售总额的比重达到 22.7%。与此同时，我国商品交易市场经营的商品类别极为广泛（参见附录中的商品分类），为绝大部分的农产品、消费品以及各种生产资料提供共享式销售渠道，并形成了包括商品批发、零售和物流的完整的市场流通体系。这表明，改革开放以来商品交易市场通过为众多中小企业提供共享式销售平台而获得飞速发展，已经成为我国国内商品流通的重要渠道之一，这是中国市场化改革在商品流通领域的一大特色。

1.2 研究目的与意义

从西方世界兴起时期的经济史角度来看，商品交易市场（或专业市场）作为一种古老的市场制度，在西方发达国家前工业化时期和工业化早期的经济发展中发挥了重大的作用（张仁寿，1996）；在许多发展中国家仍然是一种重要的市场制度（郑勇军，1998）。由于我国的商品交易市场主要是在 1978 年改革开放以后顺应农村商品经济发展的需要而复苏和发展起来的,因而 20 世纪 90 年代以来国内学者才逐渐开始关注这一类比较特殊的商品交易市场——专业市场,着重讨论这一市场制度的兴起和发展对于实现交易扩张、专业化分工以及促进区域经济快速发展的作用。这类研究大多围绕以浙江省为代表的商品交易市场较发达的东部沿海地区的发展经验展开。①

　　总体而言,关于商品交易市场的研究至今仍停留在比较粗糙的阶段,大部分文献论述的内容和观点大同小异,一般有以下几个特点:从选题来看,绝大多数研究归纳了商品交易市场的现实特征和发展历程,在分析其相对经济效率的基础上,肯定了改革开放以来商品流通领域的这一诱致性制度变迁是与我国的工业化进程从农村地区启动的经济社会发展模式相匹配的。此外,较为多见的研究是讨论商品交易市场在区域经济发展过程中的地位、存在的问题以及发展前景,进而为这一市场制度自身的演进提供对策。从研究方法看,大多数学者采用了分析性叙述的方法,视角则集中于交易费用和制度变迁理论,既有研究(比如,郑勇军等,1995;金祥荣等,1997;白小虎、陆立军,2000)从中国经济转型过程中面临的具体约束条件出发,较好地回答了什么样的生产企业以及为什么这些生产企业愿意选择共享式商品交易市场而不是独享式自建销售网络的问题,为经济转型期的中国流通体制改革过程中商品交易市场的兴起和发展提供了理论解释。但是,以往研究关于商品交易市场内在运作机理的刻画都比较单薄,基于计量分析的实证研究则更为少见,这极大地限制了人们对商品交易市场的理解深度。

　　如果说"体制落差"是诱发改革初期(20 世纪 80 年代初至 90 年代中期)商品交易市场在全国各地蓬勃兴起最重要的外部条件,那么进入 20 世纪 90 年代中后期以来,随着以城市为主要服务对象的国合商业体系与以农村为主要服务对象的商品流通体系的日渐融合,内在的

---

　　①　比如,郑勇军等(2003)。关于浙江商品交易市场研究的综述可以参见钱滔:《浙江专业市场研究的回顾与展望》,载史晋川等著:《浙江省改革开放研究的回顾与展望》,浙江大学出版社 2007 年版,第 107—126 页。

运作机理成为影响各地商品交易市场发展与绩效的主导因素。这表现在两个方面的变化：一是从全国层面看商品交易市场的数量和总成交额仍然逐年快速扩张，但局部地区（主要是市场发展领先地区）的商品交易市场在激烈的竞争中却出现了相对萎缩的现象；二是自 1992年以来，各地沿袭过去的"体制灰区"发展政策建立起来的商品交易市场出现了大量"有场无市"或"空壳市场"现象。

鉴于目前商品交易市场在我国商品流通领域所扮演的重要角色，这些现象向研究者提出了从理论层面深入剖析商品交易市场内在运作机理的新课题。亟待理解的问题包括：从经济史角度看，新中国成立以后商业领域政策变更如何影响传统城乡集贸市场的发展？这对于理解改革开放以来城乡集贸市场与产业集群的互动发展极为关键。撇开制度因素，市场化改革条件下企业愿意采用商品交易市场这种共享式销售平台替代自建销售网络的独享式销售渠道的动机是什么？大量经营相似甚至相同商品的卖者在有形的商品交易市场这样一个狭小空间上集聚后，彼此之间的竞争与合作关系将如何演化？供给接入、市场接入以及运输成本又是如何影响各地区商品交易市场的绩效？早在经济体制转型正式启动之前，商品交易市场的雏形已经在我国局部地区出现，那么在缺乏合法化的制度保证之下，参与方是如何达成博弈均衡进而导致了商品交易市场雏形的出现呢？对上述关于商品交易市场的发展与绩效的"本土化"问题的"规范化"分析，可以深化我们对商品交易市场这一具体的市场组织形式的内在运作机理的认识，在此基础上亦能更准确地把握市场机制和制度因素在其中扮演的角色。因此，这一研究既具有一定的理论意义，又具有很强的现实意义。

1.3 研究内容与结构

本书共有七章，各章的内容介绍如下：

第一章是绪论，介绍研究背景以及研究目的和意义。

第二章从流通领域政策变化和经济体制改革视角，回顾了 1949

年至今,以城乡集贸市场为代表的商品交易市场的沿革与发展脉络,这为理解改革开放以来城乡集市贸易在各地区的迅速恢复和兴起奠定了基础。

第三章在 Melitz(2003)的异质性企业垄断竞争一般均衡框架内探讨商品交易市场作为共享式交易组织的经济学本质。

第四章从商品交易市场的竞争效应与产品多样化效应出发,揭示两者相对关系影响商品交易市场绩效的微观机制。

第五章将新经济地理学的市场接入和供给接入因素引入对中国商品交易市场的研究,探讨了市场规模、贸易成本等因素对中国省际商品交易市场发展的相对重要性及其作用机制。

第六章通过对义乌案例的考察,试图理解历史上曾经繁荣的经济活动及有效率的经济组织是如何在计划经济时期通过建立一个地方政府、集体组织与个人活动三者之间的利益相容机制得以存续,并在市场经济条件下为当地经济发展产生作用的过程。

第七章对全书进行总结性评论,并简要介绍进一步研究方向。

2 中国城乡集贸市场的沿革与发展

2.1 引 言

从宏观商业角度看,商品流通渠道是实现商品由生产者向消费者转移过程中经过的流转环节和经济组织的通称。分工和专业化带来了大规模商品流通的需要,因而商品流通渠道本身也是分工深化的产物。商人或流通企业充当交换中介可以使商品更快速、更低成本地从生产者向消费者流转。本章以中央政府商贸政策调整为线索,以新中国成立至今中国国内商品流通渠道的沿革和发展为背景,从较为宽广的时间和空间视角审视中国城乡集贸市场(商品交易市场早期名称)在现当代的起伏曲折和繁荣兴盛。

1949 年之前,国内大中城市和乡镇商品流通典型的渠道是经营日用手工业品的店肆(通称杂货铺、杂货店)。[①] 随着舶来品和国内工业品的增加,原来经营日用手工业品的杂货铺陆续发展出一批具有相当规模的"京货店"、"广货店"和"京广杂货店",以后又发展成"洋广杂货店"、"华洋杂货店"等。城市也有集市贸易,主要经营居民日用消费品,如蔬菜瓜果之类,或者是由政府建设和管理的专业和批发集市。[②]

---

① 参见商业部百货局编:《中国百货商业》,北京大学出版社 1989 年版,第 4 页。

② 钟兴永,《中国集市贸易发展简史》,成都科技大学出版社 1996 年版,第 212 页。

在乡村,传统集贸市场一直是最重要的商品流通渠道。各地集贸市场交易时间有很大差异,如五日一集、三日一集、隔日集、每日集、节日市等,也有早市、午市、晚市等每日的瞬时集,还有依商品而集市者。[①] 晚清至民国时期,农村集市上的商品种类已由单一的农副产品,手工业品转向既有农副产品、手工业品,又有日用工业品和工业原料、生产资料,还有舶来品的多元性市场。[②③] 中国近代集贸市场的商品结构如图 2.1 所示。

与此同时,近代以来商品经济的发展也催生了专业化的集散市场,比如江西、浙江、湖北的棉花市场,直隶深州的花生市场,湖南新化的红茶市场,以及山东济宁的皮货市场等。据慈鸿飞(1996)估计,20世纪 30 年代中国 22 个省镇集总数约达 62440 个(含近 750 个县城);加上辽宁、黑龙江、热河、新疆、吉林以及西康等 6 个省,30 年代全国的镇集总数约达 64440 个。由于镇集数量与当地人口和经济规模高度正相关,这从一个侧面反映出当时城乡集贸市场的数量和规模。

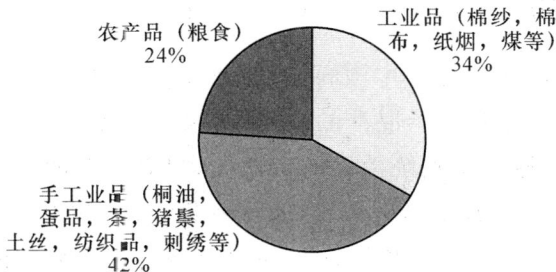

图 2.1 中国近代集贸市场的商品结构

数据来源:张福林、段进朋、邹春林主编,《中国集贸市场》,陕西科学技术出版社1992 年版。

---

①　浙江省商业厅商业史编辑室编,《浙江当代商业史》,浙江科学技术出版社 1990 年版,第 27 页。

②　钟兴永,《中国集市贸易发展简史》,成都科技大学出版社 1996 年版,第 204—229 页。

③　据有关学者估计,鸦片战争以前国内商品流通额中,粮食居第一位,占 42%;棉花居第二位,占 24%;以下依次为盐、茶、丝织品等,占 34%。鸦片战争后上述结构逐渐发生变化,根据国内商品流通额和商品值统计,前 20 位商品排列顺序依次为:棉布、棉纱、桐油、粮食、纸烟、茶花、面粉、煤炭、茶叶、食糖、芋卉、花生仁、果实、纸张、猪鬃、苎麻、药材、黄豆、豆饼、食盐。这 20种商品占到埠际贸易流通总额的 80% 以上。转引自张福林、段进朋、邹春林主编:《中国集贸市场》,陕西科学技术出版社 1992 年版,第 44 页。

中华人民共和国成立以后，社会主义政治制度和经济制度的建设同时展开，商业流通渠道自然是其中重要的组成部分。黄国雄等（2009）把 1949—2009 年中国商贸流通业的发展历程划分为前、后 30 年两个阶段，前 30 年（1949—1979）以"一改"、"两统"、"三保证"为主题，后 30 年（1979—2009）体现改革开放的成果。[①] 这一划分办法与中国经济体制改革进程一致，为不少学者所采用。洪涛（2009）称前 30 年为社会主义流通初步探索阶段，把后 30 年称为社会主义现代流通改革开放阶段，他还以流通领域的所有制结构变革为线索进一步将其细分为 10 个子阶段。城乡集贸市场的发展和变革与商品流通渠道乃至整个中国经济的发展和变革密不可分，因此，本章拟结合经济发展和相关政策演变的特征性事实将 1949 年至今城乡集贸市场的发展划分为六个阶段。

2.2 社会主义过渡时期城乡集贸市场的发展（1949—1956）

1949 年至 1952 年是中国商品流通渠道的重构时期。面对当时生产萎缩、物资匮乏和市场混乱的局面，中央政府希望尽快调整融合原解放区商业和原国民党统治区旧有商业，建立全新的国营商业体系。新中国成立初期，城乡集贸市场（或城乡集市）被称为初级市场、农民市场、自由市场等。由于长期饱受外国侵略与国内战争的破坏，集市贸易发展迟缓，商品流通功能受到严重抑制。尽管新成立的社会主义中国实行计划经济，但国家百废待兴，尚无法完全依靠国营渠道和计划经济来满足一切需求，从而私营及个体工商业在全国普遍存在，城乡集市贸易仍在一定范围内发挥商品流通功能。

1949 年 9 月，中国人民政治协商会议第一届全体会议通过的具有临时宪法意义的《共同纲领》中明确规定："在国家统一的经济计划内实行国内贸易的自由，但对于扰乱市场的投机商业必须严格取缔。国

---

① "一改"是指新中国成立初期对资本主义工商业实行的社会主义改造；"二统"是指统购统销和统购包销；"三保证"是指保证工业生产、保证人民需要、保证公平合理分配。

营贸易机关应负调剂供求、稳定物价和扶助人民合作事业的责任。"
1950 年 3 月,中央政府颁布《关于统一全国国营贸易实施办法的规定》,确立贸易部是全国国营商业、合作社商业和私营商业的统一领导机关。到 1951 年底,贸易部已经领导成立了粮食、花纱布、百货等八大全国性专业商业公司,这些国营商业公司的经营管理通过建立贸易金库、物资统一调拨制度和商业计划制度来实现。1952 年 8 月,中央商业部和中央对外贸易部取代原中央贸易部,分别负责国内和国外贸易,当年底仅中商部系统就有专业公司 12 个,包含 15821 个机构,人员达 376949 人。[①]

  与此同时,为维持私营工商业在商品流通和就业方面的积极作用,1950 年 6 月国家对工商业进行第一次调整,为私营商业的发展提供了一定的政策支持,主要包括:(1)国营贸易机关所设的零售商店和百货公司,其数量以能稳定零售市场价格,制止投机商人扰乱市场为限度;零售店只经营粮食、煤炭、纱布、食油、食盐、石油等六种人民日用必需品。(2)国营商业收购农产品的范围是主要农产品和出口物资及主要副业产品的一部分;其余部分则鼓励合作社和私商收购。(3)维持批零差价和地区差价在适当范围内,使零售商和贩运商人有利可图。(4)维持农产品的适当价格,做到既能保护农民的正当利益,又能照顾运销者的利润。(5)地方人民政府对私商的运销手续及运输条件,给以充分的便利,并在税收政策和税收手续上给以适当照顾。[②]可见,当时国家对于私营商业及个体工商业采取了有限制的保护政策以维持其经营能力,使私营商业仍在一定范围内发挥商品流通渠道功能,集市贸易作为城乡居民互通有无不可缺少的贸易形式也得到了恢复。

  为活跃城乡物资交流,中央政府于 1950 年 3 月颁布的《关于统一国家财政经济工作的决定》提出"城乡互助,内外交流"和"沟通城乡关系,发展集市贸易和物资交流"的方针,明确规定恢复和建立农村集

---

  ① 参见中国社会科学院和中央档案馆编:《1949—1952 中华人民共和国经济档案资料选编·商业卷》,中国物资出版社 1995 年版,第 186 页。

  ② 郭今吾主编:《当代中国商业》(上),中国社会科学出版社 1988 年版,第 28 页。

市、庙会,组织群众开展短距离的物资交流。各地政府有计划地组织
各行业贸易部门、合作社、私商及各类土产生产者参加土产交流会、城
乡物资交流会、群众性短距离交流会等。据粗略统计,1951 年全国土
产销售通过物资交流大会成交 10.4 亿元。[①] 这类物资交流会短则三
五天,长则十天半月,与传统庙会、骡马大会相似,实际上是一种临时
的集贸市场。截至 1951 年底,全国私营商业户数比上年增加 11.9%,
从业人员增加 11.8%,商品销售额增加 33.6%。[②] 因此,新中国成立
之初的国营商业与自由市场呈现出相互补充、共同发展的局面(参见
表 2.1)。

表 2.1　1950—1953 年中国批零商业的所有制构成　　　　单位:%

		1950 年	1951 年	1952 年	1953 年
批发商业	国营商业	23.21	33.38	60.45	66.32
	合作社商业	0.54	1.01	2.72	2.92
	资本主义商业	76.21	65.40	36.28	30.31
零售商业	国营商业	9.70	15.52	18.27	19.49
	合作社商业	6.71	9.78	23.77	29.91
	资本主义商业	83.49	74.52	57.78	50.32

注:表中的份额相加总数小于 100%,因未包括国家资本主义与个体商业户
数据。

资料来源:苏星、杨秋宝编,《新中国经济史资料选编》,中共中央党校出版社
2000 年版,第 30—31 页。

值得注意的是,自 1952 年开始,国家对资本主义商业的政策控制
显著增强(如在私营工商业者中大规模开展"五反"活动),导致资本主
义商业在批发业和零售业中所占的比重都出现陡降。相对于资本主
义商业在批发领域的重挫而言,其在零售商业领域的发展环境相对宽
松。为活跃城乡经济,避免过多商业从业者失业,1952 年 11 月国家对
工商业开始第二次调整。中共中央发布《关于调整商业的指示》要求:

---

①　钟兴永:《中国集市贸易发展简史》,成都科技大学出版社 1996 年版,第 232 页。

②　商业部百货局编:《中国百货商业》,北京大学出版社 1989 年版,第 18 页。

（1）调整价格。为了使私商可以经营零售业务，日用品批零差价一般应扩大到 10％至 18％。（2）调整公私商业经营范围。在国营经济与合作社巩固了主要阵地的前提之下，容许私人资本经营零售业务和贩运业务；国营商业在大城市的零售店，要加以缩减；县镇的国营商店由省委掌握，要适当地但是坚决地收缩零售业务。（3）加强商业市场管理。应取消各地对于私商的各种不适当的限制，一方面给正当私商以经营的可能，另一方面，防止私商的投机倒把。相对宽松的政策环境使私营商业在零售业乃占据半壁江山，其中很大一部分是个体小商贩。据统计，1952 年全国小商贩人数达 716 万人，占私营零售商业从业人员的 95％左右。①

尽管如此，1952 年下半年中央政府开始实施"三大改造"，强调通过市场关系，也就是国营商业和私营商业关系的调整来促进城乡商品流通，最终使计划经济在商品流通领域处于支配地位。国营商业对私营商业的排挤和取代是按照先批发商业、后零售商业的步骤逐步进行的，其经营管理制度也由资金大回笼和商品统一调拨改为建站核资、独立核算，全面进行经济核算制。② 1956 年底"三大改造"完成后，中国基本实现了全民所有制、集体所有制和个体所有制等三种所有制形式，以及与之对应的国营商业、合作社商业和国家领导下的自由市场三种商品流通渠道并存，以国营商业为主导的流通体系。1953 年底，全国共有私营批发商 3.6 万户，资金 4.6 亿元。1956 年全行业公私合营后，私营批发商不复存在，工业品基本上由国营商业掌握；手工业产品中，属于国营商业和供销合作社加工订货、收购包销的部分约占产

---

① 郭今吾：《当代中国商业》（上），中国社会科学出版社 1987 年版，第 60 页。

② 比如，国家从 1953 年下半年开始扩大对私营工业的加工订货、统购包销的范围，自 11 月起逐步对粮食和油料实行全行业代销；1954 年 9 月起对私营棉布零售商实行全行业的经销和代销，随后对煤、茶叶等行业也陆续实行全行业改造，逐步实现了大宗物资由国营商业对私营批发商的替代，约束了私营零售商的进货渠道（黄国雄等，2009）。到 1957 年，国家和中央各部委统一计划调拨的物资达 532 种（赵德馨：《中国经济通史》（第十卷上册），湖南人民出版社 2002 年版，第 589 页）。

值的 70%左右。[①] 1957 年,国营经济零售额占社会商品零售总额的比重上升到 37.2%,集体经济从无到有,其零售额所占比重达 41.3%,合营经济零售额所占比重为 16%,个体(私营)经济零售额所占比重已下降到 2.7%。[②] 可见,"国营商业是主体和领导力量,合作社商业起助手的作用,自由市场是国家市场的补充"。[③]

2.3 社会主义探索时期城乡集贸市场的发展 (1957—1965)

1956 年 10 月,国务院《关于放宽农村市场管理问题的指示》决定开放农村小土产自由市场,各地区先后在不同范围放宽了对农村集市贸易的管理。然而,1957 年 11 月,国务院发布《关于改进商业管理体制的规定》明确提出商业管理体制实行"统一领导,分级管理"的原则。当时的商业部则具体提出"地方商业行政机构与企业管理机构实行合并,把各商业机构改变为行政和企业管理合一的组织形式",并第一次明确商品分类分级管理办法,即把全国商品分为一、二、三类,实行由中央和地方分级管理。[④] 至此,供销合作社和国营商业合并,小商小贩大批退出商品流通领域,自由市场关闭,原来的三种商品流通渠道并入国营商业的单一计划管理(1958—1960 年)。由于单一的国营商业渠道和计划管理造成供给效率低下,无法对供求关系变化作出及时有效的反应,导致中国国内商品流通严重不畅,对人民生活带来灾难性后果。"1959 年上半年,市场供应全面吃紧,不仅肉食副食供应困难,就是蔬菜、野果、小鱼之类也不易买到,商品价格骤涨。"[⑤] 单一国营商业造成商品流通渠道不畅的弊端暴露无遗,亟须改变以满足全国范围内商品流通的需要。

[①] 李炳生:《1949—1965 年中国国营商业发展研究》,贵州财经大学硕士论文,2013 年,第 16 页。

[②] 国家统计局和贸易物资统计司编:《1952—1988 中国商业外经统计资料》,中国统计出版社 1990 年版,第 25 页

[③] 商业部百货局编:《中国百货商业》,北京大学出版社 1989 年版,第 26 页。

[④] 商业部百货局编:《中国百货商业》,北京大学出版社 1989 年版,第 24—25 页。

[⑤] 钟兴永:《中国集市贸易发展简史》,成都科技大学出版社 1996 年版,第 232 页。

　　1959 年 9 月,中共中央、国务院《关于组织农村集市贸易的指示》正式将自由市场称为集市贸易,并对其开办原则和形式、经营范围、价格制定、参与对象以及领导管理第一次提出了明确指示。文件指出:(1)"领导和组织集市贸易的原则,应当是活而不乱,管而不死","人民公社、生产队对农村集市贸易要给以必要的支持,并向社员进行有关经济政策的教育,使他们在参加集市贸易当中,做到买卖公平、不抬价、不抢购、不贩运、不弃农经商"。(2)三类物资在完成规定的交售任务后,剩余部分可以到农村集市进行交易;凡是没有同国家签订合同的零星品种,人民公社、生产队可以在集市出售。人民公社社员家庭和个人生产的副业产品、手工业品,不论属于哪一类物资,都可以在集市出售。1960 年 11 月,中共中央《关于农村人民公社当前政策问题的紧急指示信》(即"十二条")进一步指出:"在农村里,应该有领导地有组织地组织集市贸易,便利公社、生产队、生产小队和社员交换和调剂自己生产的商品,活跃农村经济。"

　　自 1961 年开始,中国进入国民经济调整期,原先关闭的合作社商业和自由市场逐步恢复。1961 年 6 月,中共中央制定了《关于改进商业工作若干规定(试行草案)》(即商业工作四十条),提出"要把过去撤销或合并的农村供销合作社恢复起来,把过去拆散的合作商店、合作小组恢复起来,同时,有领导地开放农村集市贸易"。1961 年下半年开始,国家恢复了自 1959 年开始关闭的货栈贸易,以利于各地区货物流转。1961 年 11 月,中共中央、国务院重申关于恢复和开放农村贸易集市的指示,这使农村集贸市场逐步恢复,同时也带动城乡农副产品与工业品之间的相互流通,促进了城市部分城乡集贸市场的恢复与发展,重新形成了多元化的商品流通渠道。截至 1961 年底,全国开放农村集市总数达 4.1 万多个,相当于公社化运动前的 99%,出现了恢复发展势头。[1] 1962 年 5 月,商业部、中央工商行政管理局发布《关于合作商店、合作小组的若干政策问题》,主要做法包括:"1957 年之前进入

---

　　[1]　丛树海、张桁:《新中国经济发展史(1949—1998)》(上),上海财经大学出版社 1990 年版,第 631 页。

国营商业和供销合作社的小商小贩，基本不动，1958 年之后进入的调整出一部分。合作商店、合作小组只能经营零售业务，主要为国营商业或供销合作社经销、代销、代购，也可以从货栈进货，经批准可到农村集市采购。"[1]1962 年 9 月，中共中央《关于商业工作问题的决定》再次强调了集市贸易存在的客观必然，指出国内市场由国营商业、合作社商业及集市贸易三条商品流通渠道组成，"集市贸易是国营商业和合作社商业的必要补充"。由于中央对集贸市场的一系列政策支持，以及恢复自留地，提高了农民的生产积极性，家庭副业迅速发展，剩余农副产品增多，促进了农村集贸市场在 1961 年至 1962 年短暂的恢复性发展。1962 年农村集市的商品成交额为 164 亿元，是 1978 年前最高的一年。不过，城市集市贸易的规模比农村小，占社会商品零售总额比重也较低。尽管如此，1963 年 3 月国家在"社教运动"中还是提出对城市集市贸易加强管理，凡可以由国营商业和供销合作社代替的都应采取积极措施，逐步代替；同时，政策也明确规定城市集市贸易应当是零星农副产品的零售市场，卖方只许是城郊农民和经过批准从事一些鲜活产品的短距离贩运的小商贩。[2] 表 2.2 显示，上述针对城市集贸市场的商业政策在很大程度上也影响到农村集贸市场的发展，集市数和成交额迅速回落，集市贸易又一次遭受挫折。总之，在社会主义探索时期国家对城乡集贸市场政策的摇摆使集市贸易规模起伏较大，不过在一定范围内（主要是农村地区）仍起到活跃国内商品流通的作用。

表 2.2　1961—1977 年中国农村集市数量与集市成交额

	1961 年	1962 年	1963 年	1964 年	1965 年	1974 年	1975 年	1976 年	1977 年
集市数(个)	41437	38666	38468	38082	37000	32000	31238	29227	29882
成交额(亿元)	137	164	105	78	68	114	105.5	102	105

数据来源：中华人民共和国农业部计划司编，《中国农村经济统计大全(1949—1986)》，农业出版社 1989 年版。

---

[1]　郭今吾主编：《当代中国商业》(上)，中国社会科学出版社 1988 年版，第 93 页。
[2]　钟兴永：《中国集市贸易发展简史》，成都科技大学出版社 1996 年版，第 241 页。

2.4 "文革"时期城乡集贸市场的发展(1966—1977)

1966 年 5 月开始的"文化大革命"对中国经济社会发展产生了极大的破坏作用,城乡集市贸易的发展再次跌入低谷。受"左倾"思想的影响,三种所有制及其三种流通渠道共同发展的格局再次遭受重创,农村供销社商业重新与国营商业合并,由集体所有制改为全民所有制。从 1967 年开始,集市贸易被视为社会主义和资本主义两条道路斗争的焦点,日益受到政策的限制,被允许从事商业活动的单位与人员数锐减。[①] 1974 年全国农村集市数约 32000 个,比 1965 年减少5000 个(参见表 2.2)。1975 年开始,许多地方通过行政命令将农民自留地、家庭副业、工业自销、城乡之间贩运活动等作为"资本主义尾巴"割掉,导致部分地区集贸市场被强制关闭;有些地方则采取统一集期和减少集日等办法限制集贸市场的发展。截至 1976 年底,全国农村集贸市场只剩约 29827 个。除了非公有制流通渠道被关闭或限制发展外,"文革"还对商品流通的种类产生了严重冲击。受"破四旧"思想的影响,许多传统的手工艺制品,甚至许多少数民族特有商品的流通受到严格的管制。政府对具有西方文化特色的工艺美术品、中高档化妆品等商品的流通限制则更为严厉,致使流通商品的种类大幅减少。例如,1966 年 8 月北京市百货大楼停售的商品达 6800 多种。[②] 在浙

---

①　比如,1967 年 7 月上海市革命委员会发布的《关于打击投机倒把加强市场管理通告》要求将"打击投机倒把"与"大批判运动"紧密结合起来;此后,驻市工商行政管理局工宣队和市工商行政管理局革命委员会发布了《关于打击投机倒把和限制商品外流的通告》,规定从上海市携带到外地的商品,肥皂不准超过 1 块,火柴不准超过 2 盒,牙膏不准超过 1 支,鞋子不准超过 1 双,毛巾不准超过 1 条,雨伞不准超过 1 把,香烟不准超过 5 盒,草纸不准超过 1 刀,至于普通灯泡、日光灯管、自行车、缝纫机以及煤球等一律不准外带(参见《上海工商行政管理志》,上海社会科学院出版社 1997 年版,第 224 页)。1968 年 1 月,中共中央《关于进一步打击反革命经济主义和投机倒把活动的通知》(中发〔1968〕10 号)中指出:"坚决取缔无证商贩和无证个体手工业户。农村人民公社、生产大队、生产队和社员,一律不准经营商业。"1970 年 2 月再一次重申,"除了国营商业、合作社商业和有证商贩以外,任何单位和个人,一律不得从事商业活动"(参见商业部百货局编:《中国百货商业》,北京大学出版社 1989 年版,第 33 页)。

②　武力主编:《中华人民共和国经济史》,中国时代经济出版社 2009 年版,第 537—538 页。

江，1967 年 7 月浙江省军管会在《关于加强市场管理、严厉打击投机倒把的通知》中规定：棉花、毛竹、木材、茶叶、蚕茧、黄麻以及其他国家不允许上市的产品不准流入集市，也不准擅自向生产者采购，又规定"农村人民公社、生产队和社员不要长途运销，不要弃农经商"。此后，省商业局和省革委会相继发布打击投机倒把活动的布告，把农村集市贸易、自由市场视为搞"投机倒把活动"和"资本主义"泛滥的表现。因此，不少地方或关闭了集市贸易，或规定集市日期，限制上市品种。[①]

　　然而，尽管当时政治氛围对集贸市场的发展极为不利，但在人口相对分散的广大农村地区，农村定期、不定期的传统集市贸易的作用是国营商业渠道无法替代的。在国家强制关闭大型集贸市场的背景下，不少地方政府仍然对传统集市贸易采取"纵容"、"默许"的态度，定期、不定期的农村传统集市贸易依然艰难地发展，在计划经济的边缘地带发挥着商品流通功能。图 2.2 显示了 1961—1977 年农村集市贸易成交额占社会零售额的比重，无论按市价计算还是按牌价计算，这一比值在"文化大革命"期间都出现了明显降低，其作为国内基层商品流通渠道的功能受到了极大制约。在图 2.3 中，集市贸易按牌价计算的农副产品成交额占农民出售农副产品总额比重也呈现相似的变化特点，但是这一比值在"文革"期间仍高于 10％，如果用市价计算，那么集市贸易收入对农民增收的重要性将更大。

　　总之，在改革开放之前，尽管国营商业和合作社商业始终主导着国内商品流通，但计划经济无法对供求关系作出及时反应的固有缺陷，使得定期、不定期的农村传统集市贸易仍然在计划经济的边缘地带顽强生存并发展，为改革开放之初，农村家庭工业和商品经济的迅速发展孕育着"星星之火"。

---

　　① 浙江省商业厅商业史编辑室编，《浙江当代商业史》，浙江科学技术出版社 1990 年版，第 217 页。

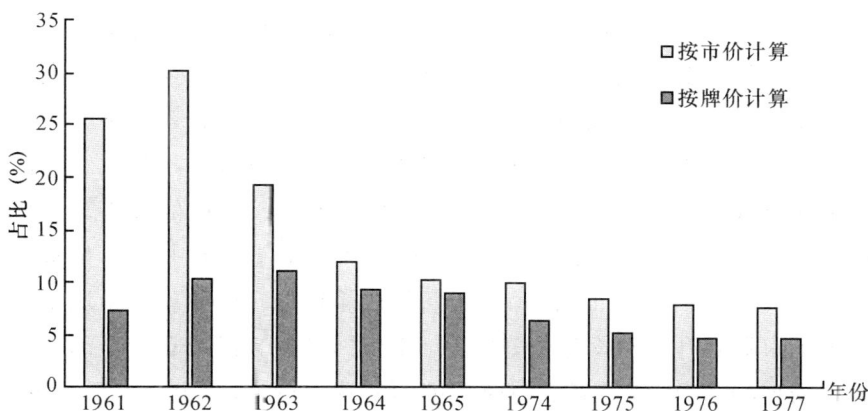

图 2.2　1961—1977 年中国集市贸易成交额占社会零售额比重

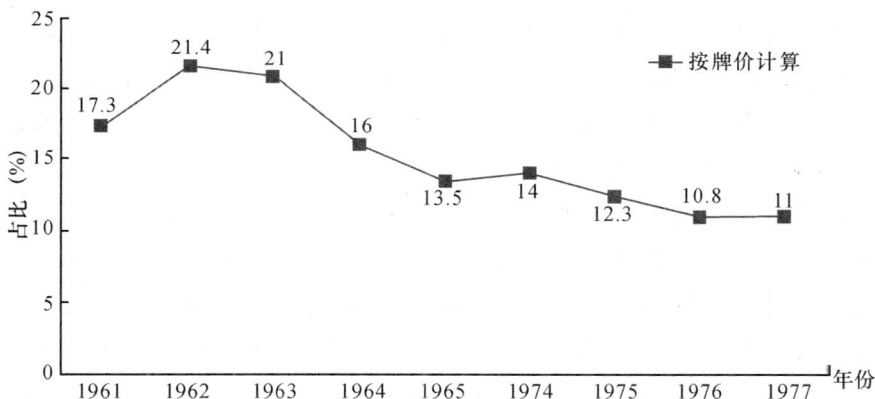

图 2.3　1961—1977 年中国集市贸易农副产品成交额占出售农副产品总值比重

数据来源:中华人民共和国农业部计划司编:《中国农村经济统计大全(1949—1986)》,农业出版社 1989 年版。

2.5　有计划的商品经济阶段城乡集贸市场的发展 (1978—1992)

改革开放以来,国家出台了一系列恢复和发展集市贸易的政策和措施。1978 年 11 月,国家工商行政管理总局在四川召开全国集市贸易座谈会,提出恢复集市贸易的管理方针是"管而不死、活而不乱"。

1978年12月,中共十一届三中全会公报重新肯定了集市贸易是社会主义经济的必要补充;1979年9月,中共中央发布《关于加快农业发展若干问题的决定》(中发〔1979〕4号)再次强调了这一点。针对城市集贸市场的政策也由严格管控向鼓励发展转变。同年,国务院批转了国家工商行政管理总局《关于全国工商行政管理局长会议的报告》,允许放宽进入集市的商品范围。①这次会议还研究部署了大中城市集贸市场开放问题。1980年8月,国家工商行政管理局在沈阳就大中城市开放集贸市场召开经验交流会;1982年10月,又在武汉市召开全国小商品市场现场会,出台了搞活小商品市场的政策措施,对上市商品范围、入场设摊的成员、批发和贩运等作了规定。1983年2月,国务院正式颁布并实施第一份关于城乡集市贸易的行政法规——《城乡集市贸易管理办法》(国发〔1983〕17号),重申"城乡集市贸易"是多种经济成分参加、多种经营方式并存、经营国家政策允许放开商品的市场交易形式;"集贸市场"是以集市贸易这种交易形式进行商品交易的活动场所,是社会主义统一市场的组成部分。次年,国务院发布的《关于合作商业组织和个人贩运农副产品若干问题的规定》(国发〔1984〕24号)放宽了个人贩运农副产品的限制;随后,中共中央、国务院《关于进一步活跃农村经济的十项政策》(即1985年1号文件)明确取消了实施32年之久的农产品统购统销政策。至此,城乡集贸市场再次成为联系生产和消费、沟通城市和农村的合法的国内商品流通渠道。这些政策有力地推动了各地区城乡消费品市场的恢复和发展。

随着中央各项鼓励政策力度的日渐增强,各地城乡集贸市场数量和成交额迅速恢复并加快发展。以上海为例,1979年1月,上海市委决定恢复农副产品集市,全年共恢复建立城乡集贸市场328处,实现成交总额5258万元,占社会商品零售总额的0.71%;同年7月,上海

---

① 开始仅三类农副产品和完成统购、派购任务后的一、二类农副产品以及社队企业在完成国家任务后的工业品可以上集市,1980年以后社员持证明可以从事鲜活商品和三类农副产品的贩卖活动,可以组织社员进城销售产品。集体或个体商业,在核准的经营范围内,可以到农村采购。国营企业允许自销的产品,社员所得的奖售工业品,持证明可以上市。到1985年,农副产品除国家订购部分以外,工业品除国家另外规定的个别产品以外,都允许上市交易。

正式设立了生产资料交易市场,进场单位来自全国 28 个省市;1981 年,上海市政府又批准开放了小商品集市。[1] 表 2.3 汇总了 1979—1992 年城乡集市数与成交额情况,1979 年全国合计开放城市集市 2226 个,当年成交额达到 12 亿元;《城乡集市贸易管理办法》颁布后第二年(1984 年),城市集市数较上年增加了 1656 个,成交额达到 1979 年的 6.3 倍;到 1992 年,城市集贸市场数和成交额已达 14510 个和 1583 亿元,分别是 1979 年的 6.5 倍和 132 倍。农村集市数和成交额同样出现了快速增长,1979 年全国乡村共有集市 36767 个,成交额 171 亿元;1984 年集市数较上年增加 6841 个,实现成交额 381.7 元;到 1992 年,农村集市数和成交额已达 64678 个和 1947 亿元,分别是 1979 年的 1.8 倍和 11.4 倍。由表 2.3 还可发现,乡村集市数呈远多于城市集市数,但城乡之间集市贸易成交额逐年缩小,说明集市贸易在城市地区的发展速度更快。

表 2.3　1979—1992 年中国城乡集市数与成交额

年份	集市数(个)		成交额(亿元)		年份	集市数(个)		成交额(亿元)	
	城市	乡村	城市	乡村		城市	乡村	城市	乡村
1979	2226	36767	12	171	1986	9701	57909	244.4	662.1
1980	2919	37890	23.7	211.7	1987	10908	58775	347.1	810.8
1981	3298	39715	34	253.0	1988	12181	59178	545.3	1076
1982	3591	41134	45.2	287.9	1989	13111	59019	723.6	1250
1983	4488	43515	51.4	327.9	1990	13106	59473	837.8	1330.4
1984	6144	50356	75.2	381.7	1991	13891	60784	1079.2	1542.9
1985	8013	53324	120.7	511.6	1992	14510	64678	1583	1947

数据来源:历年《中国统计年鉴》,成交额数据不同的以最新年鉴为准。

图 2.4 是 1978—1992 年城乡合计的成交总额及其占社会消费品零售总额比重的时间变化趋势。《城乡集市贸易管理办法》颁布以后,

---

[1]　国家工商行政管理总局市场规范管理司编:《中国商品交易市场概览》,新华出版社 2013 年版,第 147 页。

1984—1992 年城乡集市贸易成交额的年均增长率高达 29.1%;截至 1992 年,城乡集市贸易成交额占社会消费品零售总额的比重已经由 1978 年的 8% 上升至 32%,市场上交易的商品不仅有传统农副产品,还发展出小商品、工业品及废旧物资市场等,经营方式批零兼有,经营主体包括国营、集体和个体工商户,表明改革开放以后城乡集贸市场在恢复和发展基础上迅速成为国内商品流通的重要渠道。

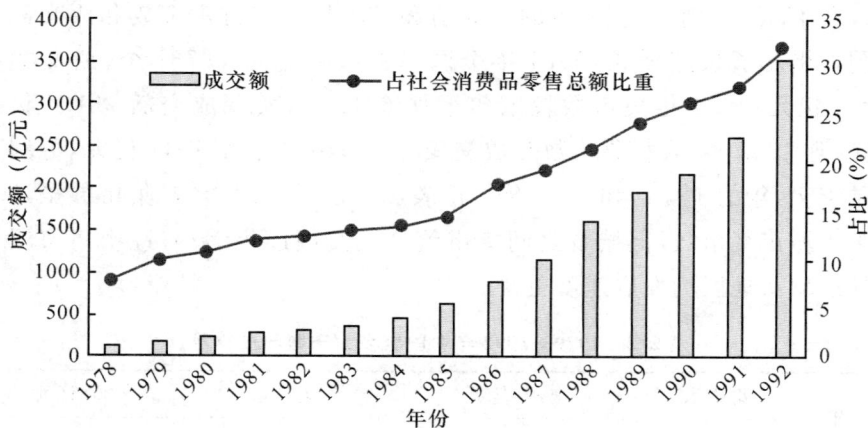

图 2.4　1978—1992 年中国城乡集贸市场成交额
数据来源:国家统计局贸易物资统计司编:《中国市场统计年鉴(1995)》,中国统计出版社 1996 年版。

表 2.4 报告了 1992 年各地区城市和乡村集市数及成交额情况,可以发现东南沿海地区的河北、山东、江苏、浙江和广东以及中西部地区的四川,无论城市还是乡村,集市贸易成交额均高于其他省份,成为国内商品流通最重要的交易中心;就各地区城乡集市的平均规模而言,广东省城市和乡村的集市平均规模均居全国第一,是名副其实的商贸强省,这与其商业传统、地理区位优势及其在改革开放初期获得中央发展政策的支持密不可分。

表 2.4　1992 年各地区城市和农村集市数与成交额　　　单位：个，万元

省份	城市		农村		省份	城市		农村	
	集市数	成交额	集市数	成交额		集市数	成交额	集市数	成交额
北京	673	450812	287	102222	河南	563	643749	4680	1082703
天津	233	191677	186	123415	湖北	913	554376	3330	624234
河北	562	931849	3157	1179448	湖南	606	764046	3273	929281
山西	562	295651	1250	316513	广东	774	1794747	3048	2288990
内蒙古	317	145027	968	163368	广西	168	235651	2191	992712
辽宁	1320	1416392	1408	642398	海南	83	61806	423	173365
吉林	490	537479	1010	215037	四川	928	787412	7747	1543220
黑龙江	792	516524	978	258210	云南	157	163674	2822	540086
上海	184	321241	271	122793	贵州	236	208447	2388	334809
江苏	801	899184	3709	1537621	西藏	38	58569	96	15419
浙江	511	1145020	3354	2067531	陕西	542	351926	1897	311698
安徽	683	518505	3443	744902	甘肃	455	309753	1109	134263
江西	367	326132	2200	563754	宁夏	56	53072	194	48424
福建	327	504967	1496	685396	青海	49	46444	206	24958
山东	796	1456072	6836	1577178	新疆	324	139829	721	125815

注：重庆的数据已并入四川。

数据来源：国家统计局编，《中国统计年鉴 1993》，中国统计出版社 1993 年版。

2.6　社会主义市场经济转型阶段城乡集贸市场的发展（1993—2003）

经过改革开放以来 14 年的发展，城乡集贸市场已初步形成城乡结合、多种经济成分并存的全国性集市网络，故市场运作机制的完善、市场集聚能力和辐射能力的提升是 20 世纪 90 年代城乡集贸市场发展的主要任务。在政策支持方面，早在 1992 年，国家工商行政管理局已印发《关于加快培育、发展农副产品批发市场、工业品专业市场和生产资料市场的意见》（工商市字〔1992〕68 号），提倡在乡镇企业和地方

商品经济发达和比较发达的县、市，依托当地经济优势，结合当地工农业生产结构，建立起具有一定规模的农副产品批发市场、工业品专业市场。"在地、市一级力争建设一至二个工商行政管理机关自行组织开办的生产资料市场"。1993 年 7 月，国家工商行政管理局制定《商品交易市场登记管理暂行办法》（国家工商行政管理局令 1993 年第 13 号），通过市场登记管理，工商部门和各级政府可以系统掌握各类市场的发展和建设情况，掌握各类商品的价格动向、商品的交易数量等，这对于维护市场交易秩序以及为宏观经济经济决策提供依据都具有重要意义。《商品交易市场登记管理暂行办法》颁布实施以后，"商品交易市场"（包含城乡消费品市场和生产资料市场）这一名称逐渐代替了"城乡集贸市场"。1994 年 7 月，国家工商行政管理局印发的《集贸市场管理规范（试行）》（工商市字〔1994〕242 号）进一步对市场开办及设施、商品陈列与出售、交易行为及市场管理等提出规范性要求；1994 年 12 月，国内贸易部颁布和实施《全国商品市场规划纲要》（内贸市字〔1994〕280 号），提出在 2000 年前初步建成以全国性批发市场为中心，以地方批发市场为骨干，以中小型市场、遍及城乡的集贸市场和商业网点为基础的全国商品市场组织体系；1996 年 9 月，国家工商行政管理局对《商品交易市场登记管理暂行办法》进行修订，增加了违反市场登记管理行为的处罚条例，同时制定了配套的《商品交易市场年度检验办法》（1997 年 7 月发布），表明我国商品交易市场开始进入规范化和现代化管理轨道。2000 年左右，各地区的工商行政管理部门已相继理顺商品交易市场（包括城乡消费品市场和生产资料市场）的建设与经营管理体制，实现了机构、职责、财务、人员"四分离"的管办脱钩。

随着经济体制改革不断深化，商品交易市场开始由粗放式的恢复发展阶段进入质量提升阶段，市场建设明显从过去注重数量为主逐步向以提高质量为主转变。如图 2.5 所示，1992—2000 年，中国城乡集贸市场（城乡消费品市场）总数由 79188 家增至 88111 家，累计增加 9623 家；《商品交易市场登记管理暂行办法》和《全国商品市场规划纲要》的颁布和实施有效地刺激了各地区兴建城乡集贸市场，市场总数在 1998 年达到峰值（89177 家），此后数量有所减少。不过，图 2.6 显示市场成交额和占社会消费品零售总额比重在 1994 年出现大幅跃升后，一直保持平稳增长态势,其随时间变动的轨迹在 1998 年以后并没有因城乡集贸市场数量减少而下降,2000 年单个市场平均成交额是 1992 年的 6.13 倍,到 2003 年已增至 7.34 倍,这说明城乡集贸市场作为国内商品流通渠道在 1998 年以后开始由数量扩张阶段进入质量提升阶段。

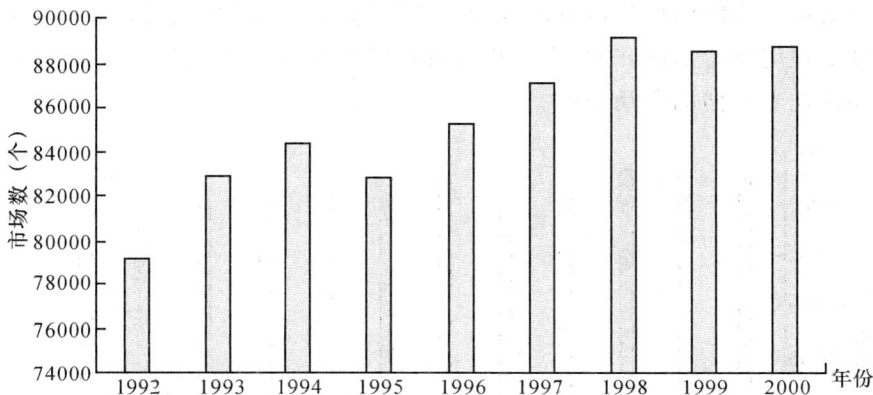

图 2.5　1992—2000 年中国城乡集贸市场数变化趋势

数据来源:历年《中国统计年鉴》。

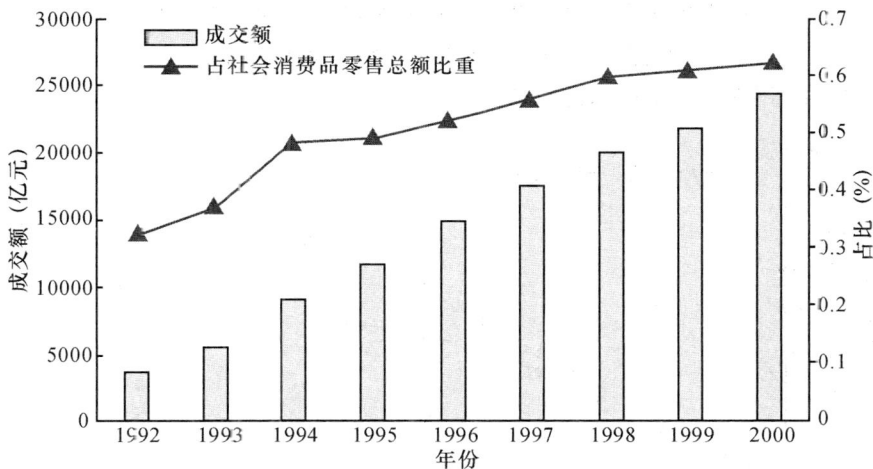

图 2.6　1992—2000 年中国城乡集贸市场成交额

数据来源:历年《中国统计年鉴》。

从 1992—2003 年城乡消费品市场城乡分布的变动情况看,城市消费品市场数和成交总额基本保持平稳增长态势;而农村消费品市场的市场数从 1998 年开始减少，成交总额的增长势头也逐年放缓（见图 2.7 和图 2.8）。尽管城市消费品市场数量始终不及农村消费品市场，但是城市消费品市场的平均成交额更高且增长速度更快，1994 年，城市消费品市场的成交额自改革开放以来第一次超过农村消费品市场，此后城乡之间消费品市场的成交额差距保持了不断扩大趋势，一定程度上说明城市地区产业、人口集聚程度的提高与商品交易市场发展之间存在着正向的联动效应。

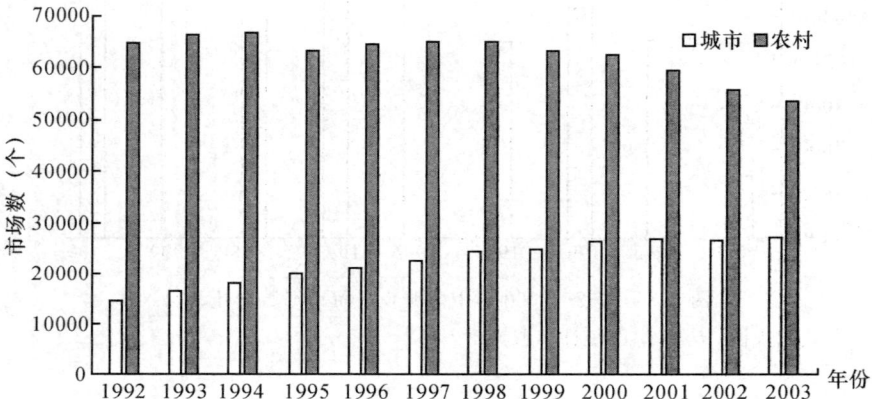

图 2.7　1992—2003 年中国城乡消费品市场数

数据来源：历年《中国统计年鉴》。

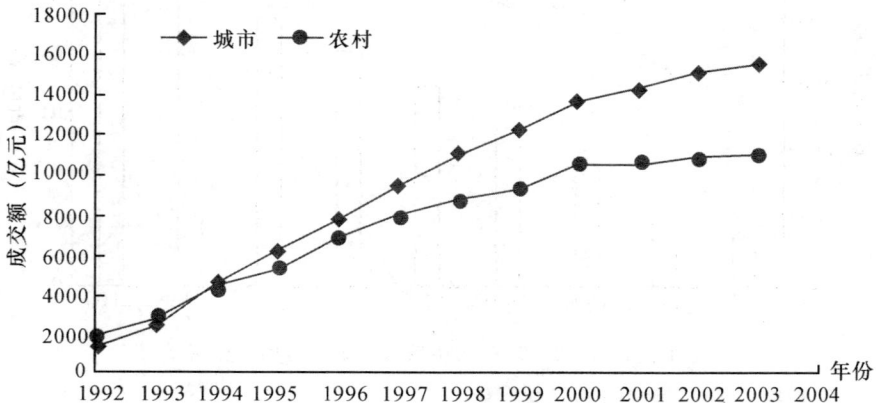

图 2.8　1992—2003 年中国城乡消费品市场成交额

数据来源：历年《中国统计年鉴》。

据统计,城乡消费品市场数约占全部市场的 92% 左右,是商品交易市场的主体;城乡生产资料市场作为另一种存在形态,其发展轨迹与城乡消费品市场非常相似(见表 2.5)。1995—2003 年城乡生产资料市场数由 4247 个增至 6711 个,成交额增长 2.2 倍,单个市场的平均成交额实现翻了一番。在生产资料市场中,发展最快的是工业生产资料市场(约占城乡生产资料市场总数三分之二);从成交量看,煤炭、木材、钢材、水泥、化肥以及饲料等大宗商品成交量较大;从成交额看,汽车和钢材在成交额中所占比重最高。

表 2.5 1995—2000 年中国城乡生产资料市场数与成交额

	1995 年	1996 年	1997 年	1998 年	1999 年	2000 年	2001 年	2002 年	2003 年
市场数(个)	4247	1730	5575	6202	6324	6735	6631	6545	6711
成交额(亿元)	3140	3879	4601	5055	5873	7261	7878	8796	10162

数据来源:《中国工商行政管理年鉴 2004》,中国工商出版社 2004 年版。

总之,1992—2003 年期间,以城乡消费品市场为代表的商品交易市场的主要发展特征是:(1)市场逐步由政府主导转向企业自主经营,初步实现政企分开和管办脱钩。(2)产品种类明显增多,产品结构由单一向多元化、丰富化转变,各种农副产品、小商品、工业品和生产资料等细分市场的形成,极大地拓宽了传统集贸市场商品交易范围的广度和深度。商品交易市场的繁荣和发展对社会经济具有积极作用,有效地加速了国内商品流通速度,使之成为国内商品流通的基本渠道之一;同时,以城乡消费品市场为主体的商品交易市场创造了大量就业机会,"以贸促工,工贸互动"的发展机制使其在振兴地方经济中也发挥着重要作用;此外,由于商品交易市场的进入门槛相对较低,可以吸纳农村转移劳动力就业,这在客观上推进了工业化和城市化进程。

2.7 分销业全面开放及互联网时代城乡集贸市场的发展(2004 年至今)

根据加入世贸组织关于商业(分销)领域开放的有关承诺,中国于2004 年颁布《外商投资商业领域管理办法》,按期实现了商业(分销)领域的对外开放。2005 年底,政府取消对外商投资商业企业的数量、地

域和股权比例限制，全面开放市场。2004 年，商务部批准设立了 11 家
外资批发企业；2005 年，新设外商批发企业 571 家，超过了 1992—
2004 年批准设立的外商投资商业企业的总和。至此，中国商业领域进
入全面开放时期，商品交易市场不仅面临外资批发企业的竞争，而且
也面临电子商务等新兴交易模式的挑战。1997 年，中国化工信息网正
式在互联网上提供服务，成为全国第一个介入行业网站服务的国有机
构。自 1997 年萌芽和起步阶段算起，中国的电子商务行业经过 7 年
的冰冻期与调整期，终于在 2003 年因"SARS"获得意外发展机会，网
上商品交易市场方兴未艾。

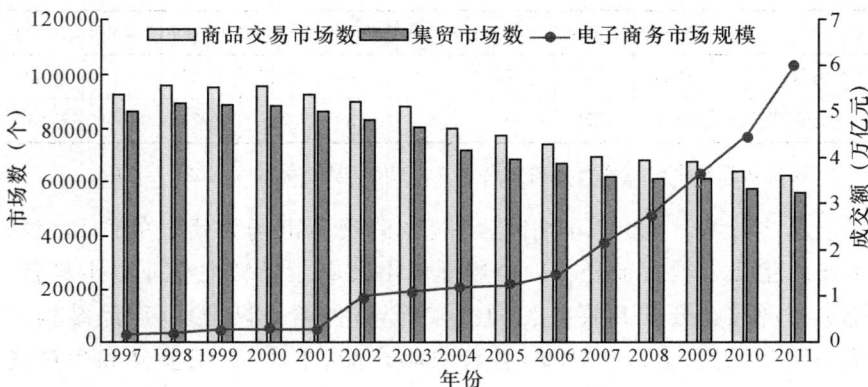

图 2.9　1997—2011 年中国商品交易市场数、集贸市场数与电子商务市场规模

数据来源：国家工商行政管理局市场规范管理司主编，《中国网络商品交易报告》，中国广播电视出版社 2012 年版。

　　图 2.9 表明随着我国网上商品交易市场成交规模的不断扩大，城
乡集贸市场和商品交易市场（含消费品市场和生产资料市场）这些实
体市场的数量呈现出逐年递减的发展趋势。我国的实体商品交易市
场经历了 20 世纪 90 年代的市场数量和成交额快速增长期阶段后，在
外商投资商业企业禁入限制取消和网上商品交易市场蓬勃发展的双
重夹击下，其总数已由 2000 年顶峰时的 95544 家减少至 2011 年的
61664 家。与之形成对比的是网上商品交易市场的发展情况，截至
2012 年底，国内 B2B 电子商务服务企业已达 11350 家，B2C、C2C 和其
他电子商务模式企业为 24875 家，企业数量较 2011 年有显著增加，当

年持续营运的网络团购网站 2695 家；2012 年底，全国网上商品交易市场的交易规模达到 7.85 万亿，同比增长 30.83%。其中，网上零售市场交易规模达 13205 亿元，同比增长 64.7%。[①] 值得一提的是，传统实体商品交易市场发达的省份恰好也是电子商务交易极为活跃的地区。2012 年网上商品交易市场的交易规模排全国前十的省份（含直辖市）分别是浙江、广东、上海、北京、江苏、山东、四川、河北、河南和福建。[②]

不过，与实体商品交易市场的市场数量整体上呈缩减态势的情况不同，亿元以上实体商品交易市场数量和成交额呈持续平稳增长态势，市场数由 2000 年的 3087 家增至 2012 年的 5194 家，成交额由 15672 亿元猛增至 93024 亿元，表明实体市场的规模化、大型化发展趋势明显。亿元以上商品交易市场除了通过规模化、专业化进行扩张外，各类传统实体市场也开始主动出击，试水网上商品交易。比如，2012 年 7 月，义乌中国小商品城集团和阿里巴巴集团合作开发了义乌小商品批发市场的官方网站——义乌购（www. yiwugou. com）。义乌购依托实体市场把 7 万多家网上商铺与实体商铺一一对应绑定，从而为采购商、经营户提供具有实体市场特色的电子商务服务。

在互联网时代，传统的实体型商品交易市场是否会消失呢？以浙江为例，浙江是实体商品交易市场大省，也是网上商品交易市场大省。2013 年，浙江拥有网上商品交易市场 157 家，成交额 1.95 万亿元，其中 92 家网上消费品市场共实现交易额 605.5 亿元（不包括淘宝网和天猫网），同比增长 203.8%；网上商品交易市场成交额的年增长率大幅领先实体市场。尽管网上商品交易市场发展势头凶猛，2005 年以后浙江的实体市场与网上市场的市场（企业）数和成交额却实现了双双增长的"互补"发展格局（见图 2.10），这可以为其他地区实体商品交易市场探索互联网时代的发展之道提供借鉴。

---

① 中国电子商务研究中心主编：《2012 年度中国电子商务市场数据监测报告》，第 4 页。http://www. 100ec. cn/zt/upload_data/wenjian/2012ndbg. pdf.

② 中国电子商务研究中心主编：《2012 年度中国电子商务市场数据监测报告》，第 4 页。http://www. 100ec. cn/zt/upload_data/wenjian/2012ndbg. pdf.

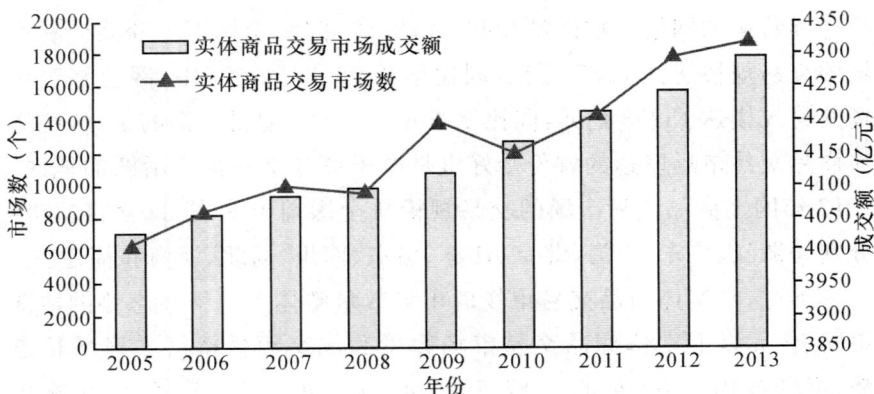

图 2.10　2005 年以来浙江商品交易市场的市场数与成交额

数据来源：历年《浙江省国民经济和社会发展统计公报》。

简言之，尽管面临分销业已全面开放，互联网时代网上商品交易市场的迅猛发展对传统实体商品交易市场的生存和发展带来了严峻挑战；但是挑战与机遇并存，传统的实体型商品交易市场通过体制机制创新和业态创新升级，仍然可以在 21 世纪继续发挥其作为联系生产与消费重要渠道的独特作用。

2.8　小　结

自新中国成立以来，以城乡集贸市场为代表的商品交易市场的发展历程可谓曲折跌宕。前 50 年，市场数度兴废与集市贸易政策的变化密切相关，城乡集贸市场从 20 世纪 50 年代初期开放式的自由买卖到计划经济下时断时续的、受限的管制交易，再到改革开放后成为多元化商品流通渠道之一，经历了一个艰难曲折的发展过程。近 10 年来，商品流通领域政策管制对城乡集贸市场发展带来的影响式微，反而是网上商品交易市场随着互联网应用的普及，在经过多年酝酿之后形成"爆发式"增长，对传统实体型城乡集贸市场的生存和发展构成极大挑战。展望未来，可以预见的是电子商务将不断渗透到传统商品交易市场中，网上市场与实体市场之间既合作又竞争，必将推动商品交易市场的体制机制创新以及业态创新。

附表 2.1　1949—2004 年中国城乡集贸市场发展相关的重要政策汇总

发布时间	颁发部门	文件名称	主要内容
1949 年 9 月 29 日	中国人民政治协商会议第一届全体会议	《共同纲领》	在国家统一的经济计划内实行国内贸易的自由,但对于扰乱市场的投机商业必须严格取缔。国营贸易机关应负调剂供求、稳定物价和扶助人民合作事业的责任
1950 年 3 月 3 日	中央人民政府政务院	《关于统一国家财政经济工作的决定》	决定规定,为了调节国内供求,组织对外贸易,有计划地抛售物资,回笼货币,各地国营贸易机关业务范围的规定与物资调动,均由中央政府贸易部统一指挥
1950 年 3 月 10 日	中央人民政府政务院	《关于统一全国国营贸易实施办法的决定》	确立中央人民政府贸易部是全国国营商业、合作社商业和私营商业的统一领导机关;在贸易部领导下,设立 8 个全国范围的国内贸易专业总公司
1952 年 11 月 12 日	中共中央	《关于调整商业的指示》	对公私商业进行调整。在市场管理方面,要求取消妨碍正当私商畅通城乡交流的各种不适当的限制。为使私商可以经营零售业务,日用品批零差价一般应扩大到百分之十至百分之十八。在国营经济与合作社巩固了主要阵地的前提之下,容许私人资本,经营零售业务和贩运业务;国营商业在大城市的零售店,要加以缩减;县镇的国营商店由省委掌握,要适当地但是坚决地收缩零售业务。应取消各地对于私商的各种不适当的限制,一方面给正当私商以经营的可能,另一方面,防止私商的投机倒把

续表

发布时间	颁发部门	文件名称	主要内容
1954年7月13日	中共中央	《关于加强市场管理和改造私营商业的指示》	对私营批发商，凡为国营商业所需要者，可以为国营商业代理批发业务；对城乡私营零售商，除一部分必须和可能转业的以外，一般的应逐步地把他们改造成为合作商店或国家资本主义的零售商
1956年10月24日	国务院	《关于放宽农村市场管理问题的指示》	开放农村小土产自由市场，同时要求凡属国家统购的农产品，如粮食、棉花、油料，都必须继续统购，凡属供不应求的物资，除少数品种以外，一般的都不应开放自由市场
1957年11月8日	国务院	《关于改进商业管理体制的规定》	地方商业行政机构和企业管理机构，原则上实行合并。例如，把各商业机构改变为行政与企业管理合一的组织形式，取消地方上原有的商业专业公司，合并到商业行政机构内。在农、副产品方面，凡是属于计划收购和统一收购的物资的收购价格和销售价格，由中央各商业部门统一规定，但是在非主要产区则委托地方政府根据中央各商业部门规定的价格水平来管理。统一收购的废铜、废锡、废钢铁的收购价格也照此办理。对第三类物资的价格和由地方确定为本地统一收购的物资的价格，由地方政府管理，但是应该参照中央各商业部门掌握的价格水平，并且每年由中央规定一次价格升降的幅度
1961年6月19日	中共中央	《关于改进商业工作的若干规定（试行草案）》	提出国营商业、供销合作社商业和农村集市贸易是我国现阶段商品流通的三条渠道。要把过去撤销或合并的农村供销合作社恢复起来，把过去拆散的合作商店、合作小组恢复起来，同时，有领导地开放农村集市贸易

发布时间	颁发部门	文件名称	主要内容
1962 年 5 月 5 日	商业部、中央工商行政管理局	《关于合作商店、合作小组的若干政策问题》	1957 年之前进入国营商业和供销合作社的小商小贩,基本不动,1958 年之后进入的调整出一部分。合作商店、合作小组只能经营零售业务,主要为国营商业或供销合作社经销、代销、代购,也可以从货栈进货,经批准可到农村集市采购
1962 年 9 月 27 日	中共中央	《关于商业工作问题的决定》	再次强调了集市贸易存在的客观必然,指出国内市场由国营商业、合作社商业及集市贸易三条商品流通渠道组成,"集市贸易是国营商业和合作社商业的必要补充"
1962 年 10 月 15 日	商业厅局长会议	《商业部关于商品流通环节过多的情况和改进的意见》	要逐步恢复小工业品的"厂店挂钩"、自由采购的制度。各级批发站不要把所有小工业品都包销起来,能够实行"厂店挂钩"的,要允许和组织零售商店向工厂直接采购
1966 年 9 月 24 日	中共中央批转国务院财贸办公室、国家经济委员会	《关于财政贸易和手工业方面若干政策问题的报告》	大型合作商店有条件有步骤地转为国营商店。有的也可以不转,照旧营业。转为国营的,人员要经过甄别清理,没有改造好的地、富、反、坏、右分子另作安排。小型的合作商店,不转为国营商店,不要停业。小商小贩,现在还起着社会商品流通的作用,为群众所需要,应当让他们存在。但必须接受国家的管理和群众的监督,不许搞投机倒把
1967 年 7 月 11 日	浙江省军管会	《关于加强市场管理、严厉打击投机倒把活动的通知》	规定除主要农副产品不许上市、严禁票证买卖外,农村人民公社、生产队和社员不要长途贩运,不要弃农经商

续表

发布时间	颁发部门	文件名称	主要内容
1968 年 1 月 18 日	中共中央	《关于进一步打击反革命经济主义和投机倒把活动的通知》	坚决取缔无证商贩和无证个体手工业户。农村人民公社、生产大队、生产队和社员，一律不准经营商业。国家企业、事业、机关、学校、团体，非经当地主管部门许可，一律不准到集市和农村社队自行采购物品
1977 年 11 月 28 日	中共安徽省委	《关于当前农村经济政策几个问题的规定（试行草案）》	允许和鼓励社员经营正当的家庭副业，其收获除完成国家任务之外，可以到集市上去出售
1979 年 3 月 23 日	国家工商行政管理局	《关于全国工商行政管理局长会议的报告》	允许放宽进入集市的商品范围；研究部署大中城市集贸市场开放问题
1979 年 9 月 28 日	中共十一届四中全会	《中共中央关于加快农业发展若干问题的决定》	社员自留地、自留畜、家庭副业和农村集市贸易，是社会主义经济的附属和补充，不能当作所谓资本主义尾巴去批判。相反地，在保证巩固和发展集体经济的同时，应当鼓励和扶持农民经营家庭副业，增加个人收入，活跃农村经济
1981 年 6 月 15 日	国务院	《国家物资总局关于全国物资局长会议汇报提纲》	贯彻好计划调节与市场调节相结合、以计划调节为主的方针，搞活物资流通；重要的、短缺的生产资料坚持由国家计划分配和调拨，其生产和分配由国家下达指令性计划；一般的生产资料实行自由购销

发布时间	颁发部门	文件名称	主要内容
1981 年 11 月 30 日	全国人大五届四次会议	《政府工作报告》	我国经济体制改革的基本方向应该是：在坚持实行社会主义计划经济的前提下，发挥市场调节的辅助作用，国家在制定计划时，也要充分考虑和运用价值规律；改变单纯依靠行政手段管理经济的做法，把经济手段和行政手段结合起来，注意运用经济杠杆、经济法规来管理经济
1982 年 2 月 25 日	国家体制改革办公室	《经济体制改革的总体规划》	建立以国营商业为主体的多渠道、少环节、开放统一的商品流通市场
1983 年 2 月 5 日	国务院	《城乡集市贸易管理办法》	城乡集市贸易，是我国社会主义统一市场的组成部分。它有促进农副业生产发展，活跃城乡经济，便利群众生活，补充国营商业不足的积极作用
1984 年 2 月 25 日	国务院	《关于合作商业组织和个人贩运农副产品若干问题的规定》	除国营商业和供销合作社积极开展农副产品购销业务外，国家允许其他合作商业和组织个人按照本规定贩运农副产品；允许贩运的农副产品限于三类农副产品和统购、派购任务以外允许上市的农副产品；贩运农副产品，不受行政区划和路途远近的限制，可以出县、出省
1984 年 5 月 16 日	全国人大六届二次会议	《关于一九八四年国民经济和社会发展计划草案的报告》	安排好市场供应，保持物价基本稳定。为了搞好市场供应，商业部门要在生产和消费之间更好地发挥桥梁和纽带作用，大力搞好市场调查和预测，根据居民消费结构的变化，帮助生产部门及时调整产品结构，使产品适销对路。当前特别要注意了解和掌握广大农村市场的需求，积极为农村提供越来越多的适合农民需要的消费品和生产资料

续表

发布时间	颁发部门	文件名称	主要内容
1984 年 10 月 20 日	中国共产党第十二届中央委员会第三次全体会议	《中共中央关于经济体制改革的决定》	就总体说,我国实行的是计划经济,即有计划的商品经济,而不是那种完全由市场调节的市场经济;完全由市场调节的生产和交换,主要是部分农副产品、日用小商品和服务修理行业的劳务活动,它们在国民经济中起辅助的但不可缺少的作用;实行计划经济不等于指令性计划为主,指令性计划和指导性计划都是计划经济的具体形式;指导性计划主要依靠经济杠杆的作用来实现,指令性计划是必须执行的,但也必须运用价值规律
1985 年 1 月 1 日	中共中央、国务院	《关于进一步活跃农村经济的十项政策》	农产品统购派购制度已经影响农村商品生产的发展和经济效益的提高。因此,在打破集体经济中的"大锅饭"之后,还必须进一步改革农村经济管理体制,在国家计划指导下,扩大市场调节,使农业生产适应市场的需求,促进农村产业结构的合理化,进一步把农村经济搞活。从今年起,除个别品种外,国家不再向农民下达农产品统购派购任务,按照不同情况,分别实行合同定购和市场收购
1985 年 9 月 23 日	中共中央	《关于制定国民经济和社会发展第七个五年计划的建议》	进一步发展社会主义的有计划的商品市场,逐步完善市场体系,配套地搞好计划体制、价格体系、财政体制、金融体制和劳动工资制度等方面的改革,以形成一整套把计划和市场、微观搞活和宏观控制有机地结合起来的机制和手段;不仅要继续扩大消费品市场,还要逐步减少国家分配调拨生产资料的种类和数量,扩大生产资料市场;只有在国家政策和

发布时间	颁发部门	文件名称	主要内容
1985 年 9 月 23 日	中共中央	《关于制定国民经济和社会发展第七个五年计划的建议》	计划的指导下建立起社会主义的统一市场,同时加强市场的管理工作,才能发挥竞争机制的优胜劣汰作用和各种经济杠杆的调节作用,从根本上提高企业和全社会的经济效益
1987 年 10 月 25 日	中共第十三次全国代表大会	《沿着有中国特色的社会主义道路前进》	必须把计划工作建立在商品交换和价值规律的基础上,以指令性计划为主的直接管理方式,不能适应社会主义商品经济发展的要求。国家对企业的管理应逐步转向以间接管理为主;计划和市场的作用范围都是覆盖全社会的,新的经济运行机制,总体上来说应当是国家调节市场,市场引导企业的机制。社会主义的市场体系,不仅包括消费品和生产资料等商品市场,而且应当包括资金、劳务、技术、信息和房地产等生产要素市场;单一的商品市场不可能很好发挥市场机制的作用
1988 年 4 月 20 日	国务院	《关于深化物资体制改革的方案》	在加强重要物资宏观平衡的基础上,有步骤地缩小指令性计划,扩大指导性计划和市场调节,积极促进短线物资的生产,主要用经济手段调节物资供求关系,依托大中城市,逐步建立起有领导有组织的生产资料市场,保证国家重点需要,增强企业活力,促进有计划商品经济的发展

续表

发布时间	颁发部门	文件名称	主要内容
1988 年 8 月 15 日	中共中央政治局第十次全体会议	《关于价格、工资改革的初步方案》	价格改革的总方向为：少数重要商品和劳务价格由国家管理，绝大多数商品价格放开，由市场调节，以转换价格形成机制，逐步实现"国家调控市场，市场引导企业"的要求。根据各方面的条件和现实的可能，今后五年左右的时间，价格改革的目标是初步理顺价格关系，即解决对经济发展和市场发育有严重影响、突出不合理的价格问题
1990 年 4 月 16 日	国家工商行政管理局	《集贸市场管理基本规范（试行）》	这一规范是集法规政策、规章制度、职业道德、市场秩序及市场建设等多项规定和要求于一体的综合标准
1992 年 4 月 9 日	国家工商行政管理局	《关于加快培育、发展农副产品批发市场、工业品专业市场和生产资料市场的意见》	提倡在乡镇企业和地方商品经济发达和比较发达的县、市，依托当地经济优势，结合当地工农业生产结构，建立起具有一定规模的农副产品批发市场、工业品专业市场。在地、市一级力争建设一至二个工商行政管理机关自行组织开办的生产资料市场
1993 年 7 月 16 日	国家工商行政管理局	《商品交易市场登记管理暂行办法》	规范各类商品交易市场的登记注册和管理办法，维护市场正常的流通秩序
1993 年 9 月 2 日	全国人大八届三次会议	《反不正当竞争法》	政府及其所属部门不得滥用行政权力，限定他人购买其指定的经营者的商品，限制其他经营者正当的经营活动。政府及其所属部门不得滥用行政权力，限制外地商品进入本地市场，或者本地商品流向外地市场

发布时间	颁发部门	文件名称	主要内容
1993 年 11 月 14 日	中共第十四届中央委员会第三次全体会议	《中共中央关于建立社会主义市场经济体制若干问题的决定》	社会主义市场经济体制是同社会主义基本制度结合在一起的。建立社会主义市场经济体制，就是要使市场在国家宏观调控下对资源配置起基础性作用。改革现有商品流通体系，进一步发展商品市场。在重要商品的产地、销地或集散地，建立大宗农产品、工业消费品和生产资料的批发市场。严格规范少数商品期货市场试点。国有流通企业要转换经营机制，积极参与市场竞争，提高经济效益，并在完善和发展批发市场中发挥主导作用
1994 年 7 月 1 日	国家工商行政管理局	《集贸市场管理规范(试行)》	对市场开办及设施、商品陈列与出售、交易行为及市场管理等提出规范性要求
1994 年 12 月 3 日	国内贸易部	《全国商品市场规划纲要》	重点建设全国性(含跨区域市场)商品批发市场，带动地方市场、集贸市场的发展；要积极发挥全国性商品市场在调剂供求、平抑价格、引导和组织生产等方面的作用；建立适应商品特性的流通方式，按专业特点分层次组织批发市场。2000年前，我国有形商品市场发展的战略目标是：适应国民经济的发展，初步建成以商品集散面广、容量大、功能全、交易规范的全国性批发市场为中心，以地方批发市场为骨干，以中小型市场、遍城乡的集贸市场和商业网点为基础的统一、开放、竞争、有序的全国商品市场组织体系
1996 年 7 月 22 日	国家工商行政管理局	《商品交易市场登记管理办法》	对商品交易市场的登记管理机关、开办主体、登记流程、市场命名以及开办单位职责等方面进行了详细规定

续表

发布时间	颁发部门	文件名称	主要内容
1997 年 6 月 25 日	国家经济贸易委员会	《关于进一步加强经贸委系统市场流通工作的意见》	打破地区封锁、市场分割，努力创造统一、开放、竞争、有序的市场环境。各地经贸委要从建立大流通、大市场的高度和要求出发，采取政策措施，制止地方保护主义倾向，鼓励和支持企业依靠自身实力，通过竞争占领市场。同时要结合代理制、配送制、连锁经营等试点，重点支持发展社会化的、跨地区经营的大型流通组织，在提高流通的规模化、产业化程度，实现地区间商品、技术、人才等要素合理流动的过程中，带动地区经济更快、更好地发展
1997 年 7 月 14 日	国家工商行政管理局	《商品交易市场年度检验办法》	为贯彻《商品交易市场登记管理办法》配套的监督管理办法
2001 年 4 月 27 日	国务院	《关于整顿和规范市场经济秩序的决定》	充分认识整顿和规范市场经济秩序的重要意义；加大打击力度，严惩破坏市场经济秩序的违法犯罪活动；打破地方封锁和行业垄断，彻底清理并废除各地区、各部门制定的带有地方封锁和行业垄断内容的规章
2002 年 10 月 16 日	国家经济贸易委员会	《"十五"商品流通行业结构调整规划纲要》	处理好市场配置资源的基础作用与政府宏观调控之间的关系，政府主要通过法律、经济等手段推进结构调整，为企业创造公平的市场竞争环境。清理并取消各种阻碍商品流通的制度规定，放宽市场准入，推进全国统一、公平竞争、规范有序的市场体系建设
2002 年 11 月 8 日	中共第十六次全国代表大会	《全面建设小康社会，开创中国特色社会主义事业新局面》	健全现代市场体系，加强和完善宏观调控，在更大程度上发挥市场在资源配置中的基础作用，推进资本市场的改革开放和稳定发展，发展产权、土地、劳动力和技术等市场，创造各类市场主体平等使用生产要素的环境

3 中国商品交易市场的一般均衡分析

3.1 引 言

　　20世纪70年代末期以来，以国合商业为主导的销售网络逐渐暴露出"流通管道过细"以及效率低下的发展困境，这为商品交易市场的兴起创造了条件。同时，中国劳动力资源丰富的特点使劳动密集型产业的发展具有比较优势，而劳动密集型企业较资本密集型企业更倾向于用企业外部的社会分工替代企业内部的专业化分工（Antras & Helpman，2004；Helpman，Melitz & Yeaple，2004），这使企业规模呈现出明显的"微型化"趋势；企业的微型化产生了对商品交易市场的需求，进一步推动了商品交易市场这种共享式销售组织的发展。总之，国合商业的"渠道短缺"及低效率和劳动密集型企业的"微型化"趋势造就了改革开放以来中国商品交易市场的蓬勃发展。2000年，全国共有年成交额亿元以上商品交易市场3087个，成交额为16358.9亿元；同年全国社会消费品零售总额为39105.7亿元，亿元以上商品交易市场与社会消费品零售总额的比值为1∶2.50。截至2012年，全国共有年成交额亿元以上商品交易市场5194个，成交额达93023.8亿元；同年，全国社会消费品零售总额为67176.6亿元，亿元以上商品交易市场与社会消费品零售总额的比值为1∶2.26。可见，商品交易市场在我国商品流通中所起的作用越来越大（见图3.1和表3.1）。

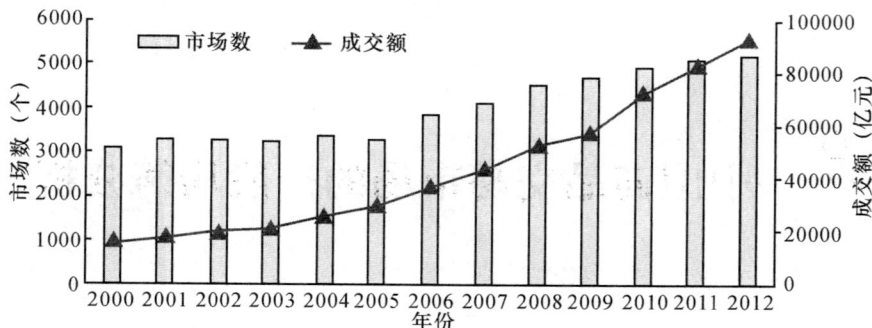

图 3.1　2000—2012 年中国亿元以上商品交易市场数与成交额

表 3.1　**2000—2012 年中国社会零售消费品总额与亿元商品交易市场成交额比值**

年份	2000	2001	2002	2003	2004	2005	2006	2007	2008	2009	2010	2011	2012
比值	2.50	2.43	2.43	2.44	2.28	2.28	2.13	2.12	2.19	2.29	2.16	2.24	2.26

数据来源：(1)国家统计局编：《中国商品交易市场统计年鉴 2013》，中国统计出版社 2013 年版。(2)国家统计局编：《中国统计摘要 2014》，中国统计出版社 2014 年版。

　　20 世纪 90 年代以来，国内学者开始关注一类特殊的商品交易市场——专业市场[①]，涌现出不少有价值的理论研究成果。郑勇军、金祥荣(1994)认为，与直接采用人员促销相比，专业市场具有明显的降低单位交易成本的功能，具体表现在：(1)专业市场把大量买者和卖者集中在某一固定地点从事商品交易活动，可以节省搜寻交易对象的费用并提高成交率；(2)专业市场汇集了有关商品供求、价格、款式等大量的市场信息，使买者和卖者能够在较短时间内了解市场行情及其变化动向，从而节省收集市场信息的费用；(3)专业市场为具有信息优势的卖主提供了信誉和惩罚机制，从而使卖主通过隐瞒真实信息来牟利的机会主义行为倾向得到有效抑制。张仁寿(1996)从经济史角度出发，认为历史上的专业市场是在产业革命时期伴随家庭工业和小企业的发展而兴起的一种交易方式，是市场经济不发达的产物；中国转型期

---

　　①　目前，学术界没有对专业市场下一个统一的定义。本书认为，专业市场是某类相似商品的交易双方为了降低商品交易过程中发生的信息费用、运输成本等各项交易费用而在特定地点和时间集中性交易的共享式市场组织。

的专业市场也不例外,是与家庭工业、小企业的生产组织形式相匹配的交易方式。金祥荣、柯荣住(1997)认为,专业市场是一个共享的销售网络,即企业用专业市场的知名度、集中和及时反馈各种信息的功能来部分替代企业对自己的商标、品牌和信息搜索等需求,从而节省完成单位交易量所需支付的市场交易成本。郑勇军(1996,2003)从企业规模与交易方式选择的角度提出了关于专业市场的理论假说,认为专业市场是企业处于特定发展阶段的产物,是介于人员推销和企业自建销售网络之间的中间状态。因此,专业市场是企业规模不大时不得不采用的一种"过渡性"产品销售形式。

这些文献都是从交易成本的角度来解释商品交易市场的特殊形态——专业市场兴起的原因,但没有在一般均衡的框架内解释商品交易市场的内在属性。本章试图在 Melitz(2003)的异质性企业一般均衡框架内探讨商品交易市场作为共享式交易组织的经济学本质。本章其余部分的结构安排如下:第二节在 Melitz(2003)框架内构建存在商品交易市场的一般均衡模型;第三节从均衡的比较静态分析中得出关于商品交易市场的若干有待检验的理论结论;第四节运用 2002—2004 年全国若干个城市的数据对第三节的理论结论进行检验;第五节是对本章研究的总结性评论。

3.2 一般均衡模型

考察一个由若干个孤立地区构成的封闭经济,各地区之间不存在相互贸易,每个地区都有一个商品交易市场。为简化分析,假设每个地区工业企业生产的工业品都通过当地的商品交易市场销售产品,并不直接销售给顾客,或者说每个地区的消费者都到商品交易市场购买工业品;但农产品不通过商品交易市场而由农民直接销售给本地居民。由于各地之间是相互独立的,所有生产、交换、消费等经济活动都在本地完成,即假设地区间运输成本无穷大,而地区内运输成本大零。假设工业和农业生产只使用同质的劳动力作为投入要素:每单位农产品生产需要一单位劳动力;所有工业企业生产 q 单位产出需要的劳动

力投入为 $l = f + q/\theta$,其中,θ 为工业企业的能力水平,q/θ 为工业企业生产需要的生产性工人数量,f 为工业企业生产需要的非生产性工人数量。每个居民拥有 1 单位劳动力,并将劳动力作为计价物,即工资率为 1。工业企业进入商品交易市场需要支付一次性费用 F,并且在支付进入费用之前只知道所有企业的能力水平都服从 $(0,\infty)$ 上的概率密度 $g(\theta)$ 和分布函数 $G(\theta)$ 的随机分布,但不知道自己实际的能力水平。当企业支付了一次性进入费用以后将发现自己实际的能力水平,如果实际能力水平低于 θ^0,企业将退出市场;如果实际能力水平高于 θ^0,企业则将留在市场,但留在市场的企业每期还将面临 δ 的外生概率(与企业的能力水平无关)被淘汰出市场。

由于假设所有地区都相互孤立,从而只需对代表性地区进行分析即可,因此以下部分将直接分析代表性地区 i 的均衡。假设均衡状态时,有测度为 M_i 的企业处于代表性地区 i 的商品交易市场中,且存活企业能力的密度函数为 $h_i(\theta)$,满足:

$$h_i(\theta) = \begin{cases} \dfrac{g(\theta)}{1 - G(\theta_i^0)} & \theta \in [\theta_i^0, \infty) \\ 0 & \theta \in (0, \theta_i^0) \end{cases}$$

其中,θ_i^0 为地区 i 的市场竞争中存活下来企业的最低能力水平(进入门槛)。

假设所有地区的消费者具有相同的偏好,地区 i 的代表性消费者的偏好可以由如下效用函数来刻画:

$$U_i = \left\{ \left[\int_{\omega \in \Omega} x_i(\omega)^{\frac{\delta-1}{\delta}} d\omega \right]^{\frac{\delta}{\delta-1}} \right\}^{\alpha} y_i^{1-\alpha} \tag{3.1}$$

其中,$x_i(\omega)$ 为地区 i 的代表性消费者对工业品 ω 的消费量;y_i 为地区 i 的代表性消费者对农产品的消费量。α 为消费者用于购买工业品的支出份额,$1-\alpha$ 为消费者用于购买农产品的支出份额;δ 为商品交易市场销售的任意两种工业品之间的替代弹性,且 $\delta > 1$。由代表性消费者效用最大化问题可知,地区 i 代表性消费者对农产品的需求为 $y_i = 1 - \alpha_i$;假设地区 i 居住着测度为 N_i 的消费者,则地区 i 的企业 θ 进入商品交易市场面临的需求函数为:

$$x_i(\theta) = \frac{\alpha N_i}{P_i^{1-\delta}}(p_i(\theta))^{-\delta} \tag{3.2}$$

其中，P_i 为地区 i 消费者购买商品交易市场销售的工业品的价格指数。故企业 θ 的营业利润最大化问题为

$$\max_{p_i(\theta)} \quad \pi_i(\theta) = \frac{\alpha N_i}{P_i^{1-\delta}}(p_i(\theta))^{1-\delta} - \frac{\alpha N_i}{\theta P_i^{1-\delta}}(p_i(\theta))^{-\delta} - f$$

由一阶条件可知，企业 θ 的均衡价格为 $p_i(\theta) = \dfrac{1}{\rho\theta}$，其中 $\rho = \dfrac{\delta-1}{\delta} \in (0,1)$。故地区 i 商品交易市场的工业品价格指数为

$$P_i = \left[\int_0^\infty p_i(\theta)^{1-\delta} M_i h_i(\theta)\mathrm{d}\theta\right]^{\frac{1}{1-\delta}} = M_i^{\frac{1}{1-\delta}} p_i(\bar{\theta}_i)$$

其中，$\quad \bar{\theta}_i^{\delta-1} = \int_0^\infty \theta^{\delta-1} h_i(\theta)\mathrm{d}\theta = \dfrac{1}{1-G(\theta_i^0)}\int_{\theta_i^0}^\infty \theta^{\delta-1} g(\theta)\mathrm{d}\theta \tag{3.3}$

地区 i 的商品交易市场中企业的总收益为 $R_i = \int_0^\infty \gamma_i(\theta) M_i h_i(\theta)\mathrm{d}\theta$，总营业利润为 $\pi_i = \int_0^\infty \pi_i(\theta) M_i h_i(\theta)\mathrm{d}\theta$，则平均收益为 $\bar{\gamma}_i = \dfrac{R_i}{M_i}$，平均营业利润为 $\bar{\pi}_i = \dfrac{\pi_i}{M_i}$。由于企业能力是有差别的，地区 i 的企业在商品交易市场的竞争中存活下来企业的能力门槛水平 θ_i^0 满足 $\pi_i(\theta_i^0) = 0$，即 $\gamma_i(\theta_i^0) = \delta f$，从而有

$$\frac{\alpha N_i}{M_i}\left(\frac{\bar{\theta}_i}{\theta_i^0}\right)^{1-\delta} = \delta f \tag{3.4}$$

假定密度函数 $g(\cdot)$ 是"行为良好的"（well-behaved），且由（3.3）、（3.4）两式可求解出唯一 θ_i^0，从而 θ_i^0 是关于内生变量 M_i 和外生参数 N_i, f, α, δ 的函数，即

$$\theta_i^0 = \eta(M_i; N_i, f, \alpha, \delta) \tag{3.5}$$

其中，函数 $\eta(.,.)$ 的形式与密度函数 $g(\cdot)$ 的形式有关。此时，地区 i 的商品交易市场中存活下来企业平均收益为 $\bar{\gamma}_i = \left(\dfrac{\bar{\theta}_i}{\theta_i^0}\right)^{\delta-1} \delta f$，则平均营业利润为：

$$\bar{\pi}_i = \left[\left(\frac{\bar{\theta}_i}{\theta_i^0} \right)^{\delta-1} - 1 \right] f \tag{3.6}$$

地区 i 的商品交易市场每期向每家新进入企业收取一次性 F_i 单位农产品作为进入费用，即工业企业在进入商品交易市场之前要向本地农民购买 F_i 单位农产品；同时，在位企业每期都面临相同概率 δ 被淘汰出市场，且这个外生淘汰概率与企业的生产能力无关，故在位企业扣除淘汰风险后正的未来营业利润流是潜在进入企业向商品交易市场支付一次性进入费用 F_i 选择进入的原因。支付一次性进入费用后，若新进入企业发现自己的实际能力水平低于 θ_i^0，则因每期营业利润为负而选择立即退出市场；若新进入企业发现自己的实际能力水平高于 θ_i^0，则将选择留在商品交易市场中，但每期都面临 δ 的外生概率被淘汰出市场。为简化分析，假设所有企业对外来收入流的贴现率为 1，[①] 于是地区 i 的商品交易市场中在位企业的未来期望营业利润流的贴现值为：

$$v_i = \sum_{t=0}^{\infty} (1-\delta)^t \left(\int_{\theta_i^0}^{\infty} \frac{\gamma_i(\theta)}{\delta} h_i(\theta) d\theta - f \right) = \frac{1}{\delta} \bar{\pi}_i$$

假设每个地区的商品交易市场都是自由进入的，因而新进入企业的期望利润均为零，也就是说 $[1 - G(\theta_i^0)] v_i - F_i = 0$，可得：

$$F_i = \frac{1 - G(\theta_i^0)}{\delta} \bar{\pi}_i \tag{3.7}$$

由（3.5）、（3.6）、（3.7）三式可知，$F_i = \lambda(\theta_i^0; f, \delta, \delta) = \lambda(\eta(M_i; N_i, f, \alpha, \delta); f, \delta, \delta)$，其中，函数 $\lambda(.,.)$ 的形式与概率密度 $g(\cdot)$ 的形式有关。在稳态均衡（stationary equilibrium）中，商品交易市场中的企业数量保持不变，故每期进入地区 i 商品交易市场的企业与淘汰出该商品交易市场的企业数量相等，即：

$$\delta M_i = M_i^e (1 - G(\theta_i^0)) \tag{3.8}$$

其中，M_i^e 为稳态均衡时每期新进入地区 i 的商品交易市场的企业数量。

在地区 i 设立商品交易市场，投资者需要一次性支付 K_i 单位资本

---

① 贴现率小于 1 不改变本文分析得到的结论。

用于购置和装修营业场所、发送广告吸引本地所有消费者来购买市场销售的工业品。① 因此,商品交易市场作为本地所有工业企业共享的销售组织,使得每个企业只需分摊初始投资 K_i 的很小一部分,即可实现向本地所有消费者销售产品。假设市场均衡的利率为 r,自由进入条件使地区 i 的商品交易市场实现均衡时,有:

$$rK_i = M_i^e F_i \tag{3.9}$$

由(3.7)、(3.8)、(3.9)三式可得

$$rK_i = M_i \bar{\pi}_i \tag{3.10}$$

由(3.4)、(3.6)两式可得

$$\frac{\alpha N_i}{\delta} = M_i(\bar{\pi} + f) \tag{3.11}$$

由(3.10)、(3.11)两式可得,地区 i 商品交易市场均衡的企业数 M_i 为:

$$M_i = \frac{\alpha N_i - r\delta K_i}{\delta f} \tag{3.12}$$

由(3.3)、(3.4)、(3.12)三式可得,地区 i 商品交易市场中的企业能力门槛水平 θ_i^0 为

$$\theta_i^0 = \Phi(K_i, N_i, f, r, \delta) \tag{3.13}$$

其中,函数 $\Phi(\cdot)$ 的形式与密度函数 $g(\cdot)$ 的形式有关。

由(3.12)、(3.13)两式可知,外生淘汰率对稳态均衡时地区 i 商品交易市场的均衡企业数和进入门槛均没有影响。这是因为,外生淘汰率的变化只会改变商品交易市场每期退出企业数和进入企业数,而两者在稳态均衡中恰好相等,因此对在位企业数和进入门槛等变量不发生影响。进一步地,由(3.8)、(3.12)、(3.13)三式可确定稳态均衡时,地区 i 每期新进入商品交易市场的企业数量为 M_i^e。

最后考察稳态均衡时地区 i 劳动力市场的均衡。地区 i 每期二业品生产需要的劳动力数量为:

$$L_i^X = R_i - \pi_i = \alpha N_i - \pi_i \tag{3.14}$$

---

① 1986 年 9 月中旬,义乌第一代小商品市场建成,该市场占地面积 44000 平方米,摊位 4096 个,总投资为 440 万元。

地区 i 每期新进入企业向农民购买的农产品数量为 $M_i^eF_i$，由 (3.9)、(3.10)两式可知，$M_i^eF_i = rK_i = M_i\bar{\pi}_i = \pi_i$。消费者每期向农民购买的农产品数量为 $(1-\alpha)N_i$，从而农业部门的劳动力需求为：

$$L_i^Y = \pi_i + (1-\alpha)N_i \tag{3.15}$$

由(3.14)、(3.15)两式可知，地区 i 的劳动力市场每期都实现市场出清。

3.3 比较静态分析

下文将集中考察市场规模效应，由于模型中每个人的收入水平相等且为 1，故市场规模效应即人口规模效应。为简化分析，假设 $\delta = 2$，且企业的能力水平满足指数分布，其密度函数满足：

$$g(\theta) = \lambda e^{-\lambda\theta}, \quad \lambda > 0, \theta > 0 \tag{3.16}$$

从而企业能力的分布函数为：

$$G(\theta) = 1 - e^{-\lambda\theta}, \quad \lambda > 0, \theta > 0 \tag{3.17}$$

将 $\delta = 2$ 代入(3.12)式可得，地区 i 商品交易市场均衡的企业数 M_i 为：

$$M_i = \frac{\alpha N_i - 2rK_i}{2f} \tag{3.18}$$

将(3.16)式代入(3.13)式可得，稳态均衡时地区 i 商品交易市场的进入门槛为：

$$\theta_i^0 = \frac{\alpha N_i - 2rK_i}{2\lambda rK_i} \tag{3.19}$$

将(3.17)、(3.18)、(3.19)三式代入(3.8)式可得，稳态均衡时地区 i 每期新进入商品交易市场的企业数为，

$$M_i^e = \frac{\delta(\alpha N_i - 2rK_i)}{2f}\exp\left\{\frac{\alpha N_i - 2rK_i}{2rK_i}\right\} \tag{3.20}$$

由(3.18)、(3.19)、(3.20)三式可知，外生淘汰率不影响稳态均衡时地区 i 商品交易市场中的均衡企业数和进入门槛，但外生淘汰率的变化将通过影响每期退出商品交易市场的企业数进而影响每期新进入商品交易市场的企业数。

记地区 i 的临界市场规模为 $N_i^0 = \dfrac{2rK_i}{\alpha}$，这表明地区 i 的临界市场规模与在地区 i 商品交易市场设立的初始投资 K_i 正相关，与地区 i 消费者用于工业品的支出份额负相关，这与直观认识是一致的。由 (3.18)、(3.19) 两式可得，当 $\delta = 2$ 时：

（i）当 $0 < N_i \leqslant N_i^0$ 时，地区 i 的人口规模（或市场规模）太小使商品交易市场无法生存；

（ii）当 $N_i > N_i^0$ 时，地区 i 的商品交易市场中有测度为 $M_i = \dfrac{\alpha(N_i - N_i^0)}{2f}$ 的企业，且企业进入商品交易市场的能力门槛为 $\theta_i^0 = \dfrac{N_i - N_i^0}{\lambda N_i^0} > 0$。

以下部分的分析，只考虑地区 i 的市场规模超过临界水平（即 $N_i > N_i^0$）时，均衡的比较静态性质。首先，考察人口规模效应。将 (3.18)、(3.19) 两式对地区 i 的人口规模求偏导，可得：

$$\frac{\partial M_i}{\partial N_i} = \frac{\alpha}{2f} > 0, \qquad \frac{\partial \theta_i^0}{\partial N_i} = \frac{1}{\lambda N_i^0} > 0 \qquad (3.21)$$

这表明，市场规模扩大将导致商品交易市场中企业数和进入门槛都提高。

然后，考察能力分布的比较静态性质，即考察企业能力分布对企业进入商品交易市场的最低能力水平的影响。将 (3.19) 式对参数 λ 求偏导可得，

$$\frac{\partial \theta_i^0}{\partial \lambda} = \frac{N_i - N_i^0}{N_i^0} > 0 \qquad (3.22)$$

由 (3.16) 式所示的指数分布可知企业能力分布的方差为 $\dfrac{1}{\lambda^2}$，而 (3.22) 式表明，地区 i 的企业能力分布的方差越小，则稳态均衡时地区 i 工业企业进入商品交易市场的最低能力水平越高。这一结论背后的经济学逻辑是，企业能力分布的方差越小，说明企业之间的能力分布越集中，同质化程度越高，这使得企业之间的生存竞争越激烈，从而提高了企业进入商品交易市场的能力门槛。基于上述分析，可将比较静

态分析的结论总结如下:

命题 作为共享销售组织的商品交易市场,其设立需要市场规模超过临界水平,且临界市场规模与商品交易市场设立的初始投资正相关,与消费者的工业品支出份额负相关。当市场规模超过临界水平时,存在如下关系:

(1)自由进入使得工业企业面临着市场规模效应的影响,即市场规模的扩大将使均衡时共享组织内的企业数增加,从而提高企业之间的竞争程度,导致进入商品交易市场的能力门槛提高。

(2)企业能力分布的方差越小,则均衡状态时企业进入商品交易市场的最低能力水平越高。

(3)外生淘汰率变动对稳态均衡时商品交易市场的均衡企业数和进入门槛不产生影响。

3.4 实证检验及分析

基于第三节比较静态分析的结论以及实证数据的可获得性,本节提出如下两个有待检验的理论假说。理论假说(1):商品交易市场的存活企业数与本地的人口规模正相关。理论假说(2):企业进入商品交易市场的能力门槛与本地的人口规模正相关。

针对上述理论假说,本节建立如下回归模型:

$$Y_{\text{NUM}} = \alpha_1 + \beta_1 X + \gamma_1 \text{Controls} + \varepsilon_1$$
$$Y_{\text{ENT}} = \alpha_2 + \beta_2 X + \gamma_2 \text{Controls} + \varepsilon_2$$

其中,被解释变量 Y_{NUM} 表示商品交易市场的存活企业数(NUM),这里用商品交易市场的总零售摊位数来代表;被解释变量 Y_{ENT} 表示商品交易市场的能力门槛(ENT),这里用商品交易市场中单位零售摊位的平均成交额来代表。解释变量 X 表示城市常住人口,刻画了零售市场规模;控制变量(Controls)包括地区面积(AREA,用城市的市域面积表示)、人均收入(PGDP,用人均 GDP 表示)、零售商品交易市场在当地的重要程度(RATE,用商品交易市场零售成交额与全市零售批发业成交额的比值表示),以及人均工业品支出额(PEXP,用商品交易市场零售交易额与全市零售批发业成交额的比值乘以人均 GDP 表示）。

如果基于第三节理论模型得到的理论假说（1）和理论假说（2）都是正确的，那么人口变量的参数 β_1、β_2 应该均为正值；否则 β_1、β_2 应该为非正值。同时，人均收入和人均工业品支出额都控制了收入因素对各地商品交易市场的零售摊位总数以及进入门槛的影响，因此两者的参数都应该是非负的；零售商品交易市场在当地的重要程度控制了不同城市商品交易市场交易模式的差别（以批发为主还是以零售为主），因而其参数应该是非负的；市域面积控制了地域面积对交易成本的影响，因而其参数符号应该为负。

本章数据来源于《中国商品交易市场统计年鉴》（2003—2013 年）和《中国城市统计年鉴》（2003—2013 年）。由于商品交易市场统计年鉴的统计对象是各地区亿元以上商品交易市场，因此，选取了 2004—2012 年全国 55 个城市亿元以上商品交易市场的混合截面数据为样本，同时也选取了 2002—2012 年全国 35 个重点城市亿元以上商品交易市场的混合截面数据为样本，对上述两个理论假说进行检验。[①] 其中，城市的商品交易市场总零售摊位数（NUM）和商品交易市场零售成交额（RETAIL）来自于历年《中国商品交易市场统计年鉴》；城市人口（POP）、市域面积（AREA）、全市零售批发业成交额（SALES）以及人均收入（PGDP）均来自历年《中国城市统计年鉴》。单位零售摊位交易额（ENT，ENT＝RETAIL÷NUM）、零售商品交易市场在当地的重要程度（RATE，RATE＝RETAIL÷SALES）和人均工业品支出额（PEXP，PEXP＝PGDP×RATE）由计算得到。由于商品交易市场统

---

① 2004—2012 年 55 个城市样本来自历年《中国商品交易市场统计年鉴》中重点城市亿元以上商品交易市场统计和三大地带城市亿元以上商品交易市场统计的汇总，包括北京、天津、石家庄、太原、呼和浩特、沈阳、大连、长春、哈尔滨、上海、南京、杭州、宁波、合肥、福州、厦门、南昌、济南、郑州、青岛、武汉、长沙、广州、深圳、南宁、海口、重庆、成都、贵阳、昆明、西安、兰州、西宁、银川、乌鲁木齐、唐山、苏州、无锡、常州、镇江、南通、扬州、泰州、嘉兴、湖州、绍兴、舟山、台州、珠海、佛山、江门、东莞、中山、惠州及肇庆。2002—2012 年重点城市样本来自历年《中国商品交易市场统计年鉴》35 个重点城市亿元以上商品交易市场统计，包括北京、天津、石家庄、太原、呼和浩特、沈阳、大连、长春、哈尔滨、上海、南京、杭州、宁波、合肥、福州、厦门、南昌、济南、郑州、青岛、武汉、长沙、广州、深圳、南宁、海口、重庆、成都、贵阳、昆明、西安、兰州、西宁、银川和乌鲁木齐。

计年鉴的统计对象是亿元以上商品交易市场,所以同一城市不同年度纳入统计年鉴的商品交易市场并不完全相同,由于各个城市亿元以上商品交易市场数有限(几个至几十个),这导致同一城市不同年度之间市场摊位总数变动范围非常大。因此,下文将使用混同截面数据和随机效应模型检验理论模型得到的假说。

表 3.2 中国城市商品交易市场概况与城市人口规模的统计描述

	2004—2012(55 个城市)			
	最大值	均值	标准差	最小值
RETAIL(万元)	1173336	1443378	9112	1.19e+7
NUM(个)	10524.83	8665.224	238	49088
ENT(万元/个)	100.5138	61.74565	8.836765	470.799
POP(万人)	582.6247	465.7872	86.17	3343.4
	2002—2012 年(35 个城市)			
	最大值	均值	标准差	最小值
RETAIL(万元)	1200249	1514229	9112	1.19e+7
NUM(个)	11232.02	9257.704	238	49088
ENT(万元/个)	98.379	62.99074	8.836765	470.799
POP(万人)	682.6281	534.4326	63.88	3343.4

表 3.2 报告了部分指标的统计性描述,由此可知,2004—2012 年 55 个城市的商品交易市场零售成交总额平均为 117.33 亿元,各城市零售摊位数平均为 10525 个,单位摊位的成交额平均为 100.51 万元,城市人口平均为 582.62 万。2002—2012 年 35 个重点城市亿元以上商品交易市场的零售成交总额平均值为 120.02 亿元,总零售摊位数平均为 11232 个,单位摊位的成交额平均为 98.38 万元,重点城市人口平均为 682.63 万。图 3.2 和图 3.3 绘制了重点城市亿元以上商品交易市场零售摊位数和成交额变化的时间趋势,无论是 35 个重点城市还是 55 个城市样本组,零售摊位数和成交额均呈现出随时间平稳增长的发展趋势。

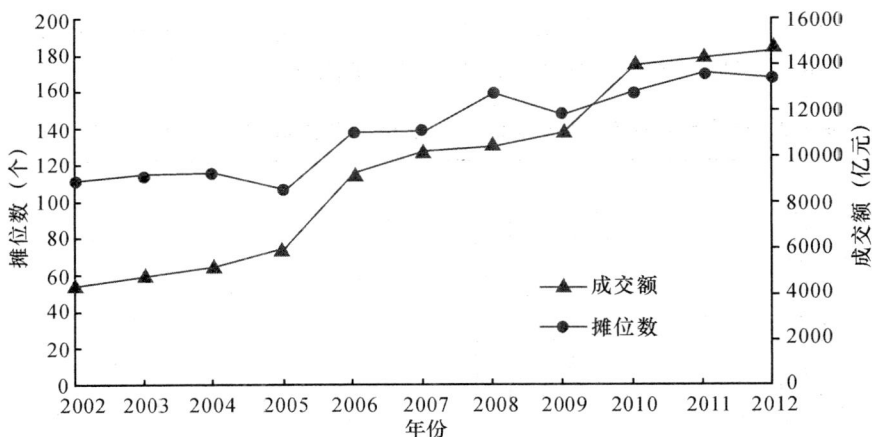

图 3.2　35 个重点城市亿元以上商品交易市场零售摊位数与成交额

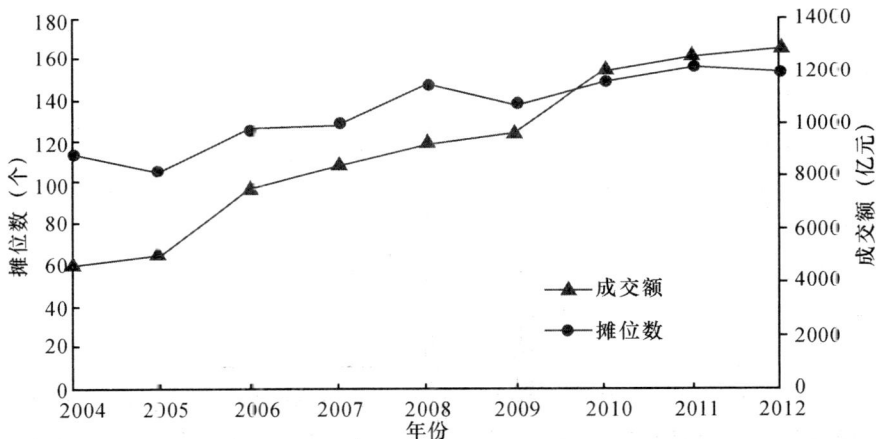

图 3.2　55 个城市亿元以上商品交易市场零售摊位数与成交额

　　在实际回归中,本节采用对数形式以减轻截面数据的异方差性,回归结果表明普通最小二乘回归的参数检验与异方差稳健的参数检验差别不大。因此,在文中只报告异方差稳健的情况,回归结果整理为表3.3 和表3.4。其中,表3.3 回归(1)～(4)是 2004—2012 年 55 个城市商品交易市场的存活企业数对人口及其他控制变量的回归结果;表3.3 回归(5)～(8)是 2002—2012 年 55 个城市商品交易市场的进入门槛对人口及其他控制变量的回归结果。表 3.4 回归(9)～(12)是 2012 年 35 个重点城市商品交易市场的存活企业数对人口及其他控制变量的回归结果;表 3.4 回归(13)～(16)是 2002—2012 年 35 个重点城市商品交易市场的进入门槛对人口及其他控制变量的回归结果。

表 3.3　55 个城市商品交易市场的企业数、进入门槛与城市人口规模回归结果

	logNUM				logENT			
	(1)Pooled	(2)Pooled	(3)RE	(4)RE	(5)Pooled	(6)RE	(7)Pooled	(8)RE
logPOP	0.793***	0.887***	0.658***	0.705**	0.545***	0.419***	0.656***	0.322***
	(0.037)	(0.069)	(0.144)	(0.295)	(0.056)	(0.057)	(0.132)	(0.121)
logPGDP	0.996***		0.648***			0.406***		0.702***
	(0.057)		(0.089)			(0.056)		(0.083)
logRATE	0.457***		0.390***		0.134***	0.152***	0.193***	0.312***
	(0.025)		(0.049)		(0.025)	(0.024)	(0.045)	(0.045)
logAREA		−0.166***		0.006	−0.286***	−0.118**	−0.375***	−0.063
		(0.057)		(0.216)	(0.048)	(0.053)	(0.114)	(0.124)
logPEXP		0.530***		0.414***				
		(0.028)		(0.057)				
常数项	−5.220***	0.875**	−0.907	1.311	4.064***	−0.935	4.356***	−3.477***
	(0.669)	(0.399)	(1.060)	(1.056)	(0.297)	(0.752)	(0.640)	(1.282)
adj. R^2	0.714	0.659			0.227	0.311		
F 检验	342.832	253.480			45.171	50.502		
χ^2			122.22	90.56			47.58	111.76
样本数	486	486	486	486	486	486	486	486

注:括号内是异方差稳健的标准差;***、**、* 分别表示 1%、5%、10%水平显著。

表 3.4　35 个重点城市商品交易市场企业数、进入门槛与城市人口规模回归结果

	logNUM				logENT			
	(9)Pooled	(10)Pooled	(11)RE	(12)RE	(13)Pooled	(14)Pooled	(15)RE	(16)RE
logPOP	0.748***	0.760***	0.711***	0.961***	0.558***	0.418***	0.793***	0.321*
	(0.049)	(0.063)	(0.092)	(0.157)	(0.060)	(0.061)	(0.129)	(0.168)
logPGDP	0.926***		0.566***			0.428***		0.654***
	(0.055)		(0.076)			(0.056)		(0.087)
logRATE	0.543***		0.377***		0.156***	0.160***	0.252***	0.330***
	(0.037)		(0.049)		(0.038)	(0.035)	(0.061)	(0.057)
logAREA		−0.039		−0.211*	−0.438***	−0.270***	−0.491***	−0.138
		(0.054)		(0.126)	(0.051)	(0.055)	(0.123)	(0.144)

续表

	logNUM				logENT			
	(9)Pooled	(10)Pooled	(11)RE	(12)RE	(13)Pooled	(14)Pooled	(15)RE	(16)RE
logPEXP		0.641***		0.412***				
		(0.033)		(0.053)				
常数项	−3.738***	−0.157	−0.303	1.791**	5.419***	0.294	4.743***	−2.109*
	(0.673)	(0.478)	(0.858)	(0.890)	(0.417)	(0.793)	(0.816)	(1.180)
adj. R^2	0.724	0.692			0.225	0.335		
F检验	262.349	230.774			37.549	54.143		
χ^2			162.84	131.31			59.02	85.35
样本数	379	379	379	379	379	379	379	379

注:括号内是异方差稳健的标准差;***、**、*分别表示1%、5%、10%水平显著。

从表3.3(1)～(4)及表3.4(9)～(12)的回归结果看,在控制了人均收入、商品市场交易模式等因素后,人口规模对进入商品交易市场的企业数有显著的正向影响,这与比较静态分析得到的理论假说(1)一致;同时,人均收入等控制变量的参数符号与理论预测也完全一致。从表3.3(5)～(8)及表3.4(13)～(16)的回归结果看,在控制了人均收入和商品市场交易模式等因素后,人口规模对进入商品交易市场的企业平均规模同样具有显著的正效应。这说明在其他因素不变的情况下,市场规模扩大将导致商品交易市场进入门槛的提高,这与比较静态分析得到的理论假说(2)是一致的;同时,控制变量的参数符号与前文预测也完全一致。因此,实证分析的结果支持了由一般均衡模型推导出的两个理论假说。

3.5　小　结

20世纪70年代末期以来,中国从计划经济向市场经济转型过程中,以国合商业为主导的销售网络逐渐暴露出"流通管道过细"的缺陷及效率低下的特点,这为商品交易市场的兴起创造了条件。本章的理论分析表明,作为共享销售组织的商品交易市场,其设立的前提条件是市场需求规模超过临界水平，且临界市场规模与商品交易市场设立的初始投资正相关，与消费者的工业品支出份额负相关；同时，市场需求规模的扩大将导致商品交易市场均衡的企业数增加和进入门槛提高；此外，企业能力分布的方差越小，则均衡状态时企业进入商品交易市场的最低能力水平越高。本章的实证研究对理论模型的两个假说提供了支持，当市场规模超过临界水平时，市场规模的扩大确实导致均衡时商品交易市场内企业数的增加；同时，由于均衡时商品交易市场内企业数的增加提高了企业之间的竞争程度，这将导致进入商品交易市场的企业能力门槛提高。受统计数据的限制，本章暂时无法对一般均衡模型推导出的另一重要的理论假说——进入商品交易市场的能力门槛与企业能力分布的方差负相关——进行检验，这有待获得商品交易市场摊位层面的微观统计数据后进行实证检验。

4 竞争效应、多样化效应与商品交易市场的绩效

4.1 问题的提出

商品交易市场是指众多买者和卖者在固定交易场所和设施内从事消费品和生产资料等各类现货商品的经常性交易的市场;其交易活动一般以批发为主或批零兼营,早期形态表现为农村集市贸易或集贸市场。新中国成立后,高度集中的计划经济将商品的流通纳入计划管理体系,集市贸易经历了多次放松和关闭的交替,发展十分缓慢。改革开放以来,随着农村家庭承包责任制的推行,以及针对农民从事非农产业限制的放松,以日用消费品为主的商品交易市场于 20 世纪 80 年代初在全国各地兴起,并迅速成为与当时以城市为主要服务对象的国合商业体系并行的、以农村为主要服务对象的市场体系。20 世纪 90 年代中期以后,城市经济体制改革的不断深化和市场经济体制的逐步确立使上述两种商品流通渠道日渐融合,商品交易市场在经济生活中扮演着越来越重要的角色(见表 4.1)。从 1979 年至 2002 年,商品交易市场的数量增加了 5 万多个,成交额年均增长率达 26.93%;同时,商品交易市场成交额与国内生产总值、社会消费品零售总额比值的变动都显示出商品交易市场已成为我

国国内商品流通的重要渠道。

表 4.1　1979—2012 年中国商品交易(城乡集贸)市场的发展情况

	1979 年	1982 年	1987 年	1992 年	1997 年	2002 年	2002 年*	2007 年*	2012 年*
市场数(个)	38993	44775	69683	79188	87105	82498	3258	4121	5194
成交额(亿元)	183	328	1158	3530	174255	259766	19840	44085	93024
成交额与 GDP 比值	0.05:1	0.06:1	0.10:1	0.13:1	0.22:1	0.22:1	0.17:1	0.17:1	0.18:1
成交额与社会消费品零售总额比值	0.10:1	0.15:1	0.23:1	0.36:1	0.64:1	0.63:1	0.41:1	0.47:1	0.44:1

注:带星号的是亿元以上商品交易市场统计情况。[①]

数据来源:(1)国家统计局贸易物资统计司编:《中国国内市场统计年鉴(1993)》,中国统计出版社;(2)国家统计局贸易外经统计司编:《中国市场统计年鉴(1998)》,中国统计出版社;(3)国家统计局贸易外经统计司编:历年《中国商品交易市场统计年鉴》,中国统计出版社;(4)国家统计局编:《中国统计年鉴(2003)》,中国统计出版社;

　　商品交易市场规模扩张的一个特征是市场摊位数大幅增加。截至 2012 年底,全国亿元以上商品交易市场[②]的摊位数为 349.4 万个,比 2000 年增加了 137.9 万个。一般而言,商品交易市场作为企业外部的共享式销售渠道,如果有较多的经营者在其中设摊交易,而销售的商品种类又极为多样化,往往可以吸引较多的购买者进入市场交易。因此,有较多摊位从事交易活动的商品交易市场往往会获得更高的市场成交额,这是集聚效应的表现。图 4.1[③] 绘制了

---

　　① 商品交易市场的数目和成交额在 2002 年及以前为城乡集贸市场统计;由于 2003 年以后不再单独统计城乡集贸市场成交额,因此表 4.1 最后三列是亿元以上商品交易市场统计。

　　② 亿元以上商品交易市场是指全国乡镇及以上经政府主管部门批准,有固定交易场所,进行经常性常年交易,并设有专职管理人员的成交额在亿元以上的现货商品交易市场。

　　③ 由于缺乏数据,图 4.1 未包括西藏和港澳台地区;趋势线采用线性拟合。

2012年全国各地区亿元以上商品交易市场成交额与摊位数的关系，其中，纵轴为各地区亿元以上商品交易市场成交额的对数值，横轴为摊位数的对数值。显然，摊位数较多的地区趋于实现更高的商品交易市场成交额。

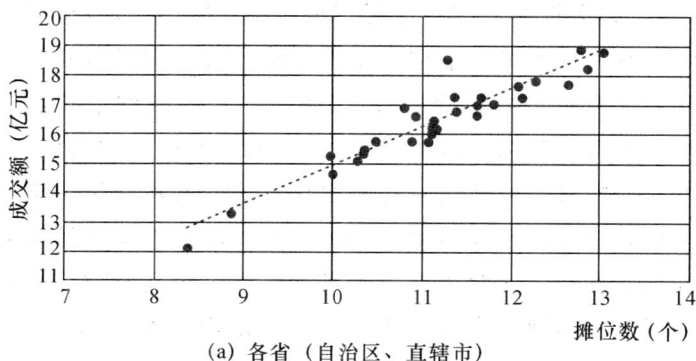

（a）各省（自治区、直辖市）

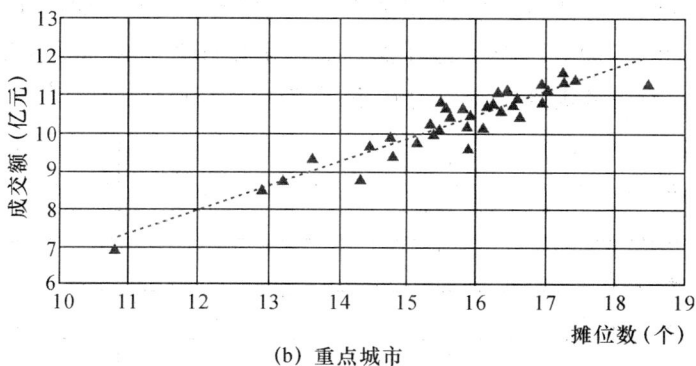

（b）重点城市

图 4.1　2012 年各地区亿元以上商品交易市场摊位数与成交额

　　与作为整体的商品交易市场不同，对于市场中各摊位而言，进入市场的摊位数增加会带来两方面效应：一方面，若新摊位销售的产品与原有摊位完全相同，这将使原有摊位面临更加激烈的市场竞争；即使新摊位销售差异化的产品，具有多样化偏好同时又受预算约束的消费者也有可能减少与原有摊位的交易量，并与新摊位发生交易，不妨将这两种影响统称为竞争效应。另一方面，若新摊位主要销售区别于原有摊位的差异化产品，这将使市场出售的商品种类增多从而吸引更多的消费者进入市场，而进入市场的消费者数量的增加，又将使原有摊位与消费者达成交易的概率提高，这种影响不妨称之为多样化效应。

图 4.2 显示了 2000 年和 2012 年全国各地区亿元以上商品交易市场（以食品饮料烟酒类市场为例[①]）摊位平均收益与市场摊位数量的关系，从 2000 年单个摊位平均成交额与摊位数的趋势线看，摊位数较少的地区单个摊位平均成交额较低；随着摊位数量的增加，单个摊位平均成交额出现了先增后减的趋势，从而摊位数最多的地区并非单个摊位平均成交额最高的地区。这说明在其他因素不变情况下，商品交易市场的扩张将受制于最优规模约束，从而其在拓宽商品流通渠道、增加就业机会和经营者收入等方面发挥的作用可能有限。然而，单个摊位平均成交额与摊位数的趋势线动态变化趋势表明，上述担心有可能过虑了。图 4.2 的纵轴数据大小显示，在摊位数相同的条件下，商品交易市场单个摊位平均成交额在 2000 年至 2012 年期间出现了显著提高；更重要的是，图中趋势线斜率变化和移动情况似乎表明，所谓商品交易市场最优规模本身也在不断扩大。

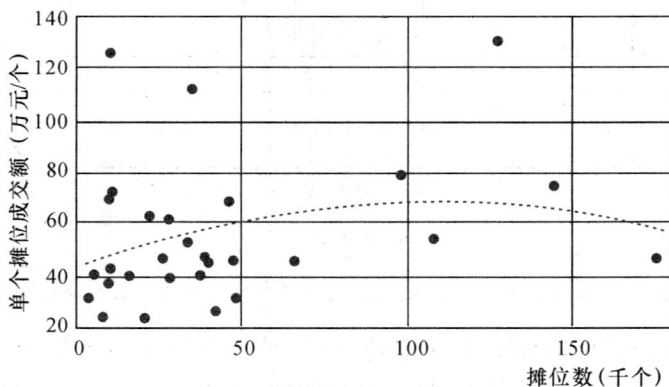

(a) 省级层面 (2000年)

---

① 其他产品类别摊位平均收益与市场摊位数量请参见附图 4.1。

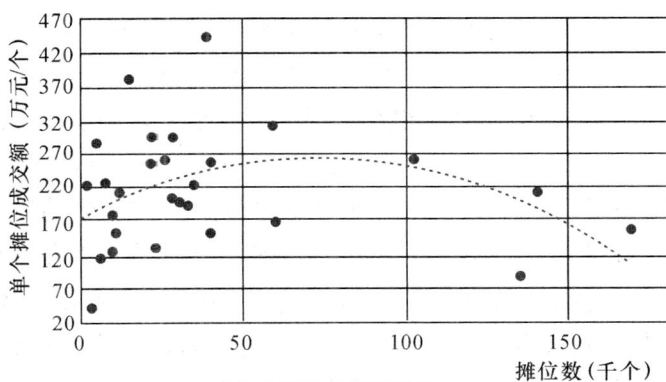

(b) 省级层面 (2012年)

图 4.2　各地区亿元以上商品交易市场（粮油食品饮料烟酒类）
摊位数与单个摊位成交额

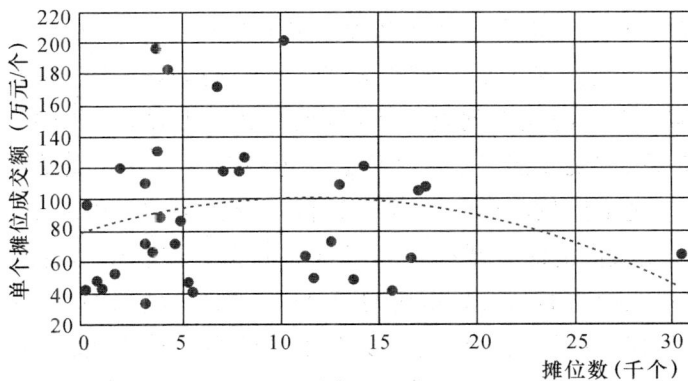

(a) 重点城市 (2002年)

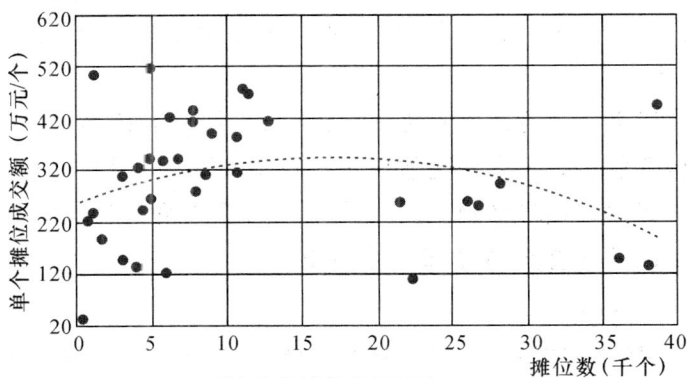

(b) 重点城市 (2012年)

图 4.3　重点城市亿元以上商品交易市场（粮油食品饮料烟酒类）
摊位数与单个摊位成交额

　　图 4.2 和图 4.3 以粮油食品饮料烟酒类[①]为例阐述我国商品交易市场的内在发展机理，即单个摊位平均成交额与摊位数的变动关系可以从竞争效应和多样化效应相互作用的视角来加以理解（当然还要考虑消费者收入等需求方因素的变化）。从理论上说，当进入商品交易市场的摊位数增加时，竞争效应使单个摊位平均成交额趋向于减少；而新摊位的进入导致市场内可交易商品种类增加的多样化效应，又使单个摊位平均成交额趋向于增加，两种效应相互作用的结果决定了商品交易市场的绩效和发展趋势。这一逻辑关系向研究者提供了一个有待检验的理论命题，即摊位经营者如何权衡竞争效应和多样化效应对经营活动的影响，进而通过个体的进入退出行为驱动整个商品交易市场的发展。从我国经验来看，改革开放以来各地区商品交易市场通过为众多中小企业提供一种共享式销售平台而获得飞速发展壮大，成为我国市场化改革在商品流通领域的一大特色，这也为理论研究提出了一个需要解释的现实问题。然而，现有文献大多是从交易费用、制度变迁理论、宏观经济因素和区位条件等视角分析商品交易市场的发展机理，忽视了摊位经营者微观决策行为及其影响。事实上，竞争效应与多样化效应的综合平衡也是困扰商品交易市场经营者的难题。[②]为此，本章试图从商品交易市场的竞争效应与产品多样化效应互动关系出发，构建理论模型揭示商品交易市场的微观运作机制，并利用各地区亿元以上商品交易市场发展的实际数据对理论模型的结论进行检验。在此基础上，为我国欠发达地区发展商品交易市场提供若干启示。

　　本章以下部分的结构安排如下：第二节是文献评述；第三节从理论上分析竞争效应与多样化效应决定商品交易市场摊位经营者绩效的作用机制；第四节是经验分析，从省级和重点城市两个层面对理论模型的结论进行检验；第五节是本章小结。

---

　　① 粮油食品饮料烟酒类是商品交易市场中摊位数最多、成交额最高的商品类别。

　　② 比如，《柯桥日报》2009 年 11 月 10 日第 4 版《划行归市——中国轻纺城提升发展的有力举措——2009 年中国轻纺城推行划行规市试点工作回眸》(http://epaper. zgkqw. com/html/2009－11/10/content_34616. htm)。

4.2 相关文献评述

改革开放以来,商品交易市场的迅猛发展引起了国内学者的关注,但研究者大多从交易费用、制度变迁理论等视角探讨其兴起和发展的原因。郑勇军、金祥荣(1995),盛世豪(1996)等结合农村制度变迁过程指出,农村工业规模的迅速扩展和区域间专业化分工的发展是作为共享式销售网络的专业市场(商品交易市场)兴起的基本动因。郑勇军(1998)从制度需求因素和制度供给因素两方面探讨浙江专业市场(商品交易市场)兴起的原因,与张仁寿(1996)观点相似,认为浙江工业经济"轻、小、集、加"的结构特征与专业市场(商品交易市场)兴起和发展是相互促进的。金祥荣、柯荣住(1997)以交易费用作为比较的基准,建立了市场交易方式和交易组织选择模型。他们提出,专业市场(商品交易市场)是企业交易外延组织外部化的交易方式,适合供给多样性程度比需求多样性程度低的小规模生产企业,可以节省完成单位交易量所需支付的市场交易成本。研究者比较一致的观点是,外部规模经济、信息集散功能以及降低交易不确定性是专业市场(商品交易市场)的基础性经济功能。概述之,上述研究工作从不同层面较好地回答了在我国从计划经济向市场经济转型的特定外部约束下,什么样的生产企业以及为什么这些生产企业愿意选择共享式商品交易市场而不是独享式自建销售网络的问题,这为经济转型期我国流通体制改革过程中商品交易市场的兴起和发展提供了理论解释。同时,基于我国当时的特定历史条件,上述研究也为我们理解为什么发达国家的商品交易市场数量和规模远不如中国提供了理论线索。不可否认,上述研究工作都是从我国经济转型过程中的具体约束条件出发来阐述商品交易市场的兴起缘由和发展逻辑,对于商品交易市场内在运作机理的刻画是比较粗糙的。他们主要强调企业可以利用商品交易市场的知名度、集中和及时反馈各种信息的功能来部分替代企业对自己的商标、品牌和信息搜索的投资,即企业通过商品交易市场可以分享销售方面的规模经济。但是这些研究忽略了数量众多、经营范围相似的摊位在商品交易市场高度集聚所带来的竞争效应,而这种竞争效应是商品交易市场规模的决定因素之一。本章试图引入竞争效应来探讨商品交易市场的发展机理。

撇开制度因素的影响，石忆邵、张雪伍（2008），张旭亮、宁越敏（2010）主要从宏观经济因素、区位条件等角度讨论了中国商品交易市场的发展差异及其形成机理，其中区域经济发展水平（如人均国内生产总值、城市化水平、市场化水平等）被认为是影响市场绩效差异的核心因素。在微观层面，白小虎（2004）从规模经济和范围经济相互协调的视角讨论了专业化市场集群的发展机制，认为专业化有助于商品交易市场利用规模经济降低成本，同时不同类型专业市场（以某类商品为主的商品交易市场）的聚集拓宽了商品经营范围，有助于利用范围经济降低规模经济的经营风险。由于"专业化经营的规模经济和范围经济能在专业市场集群下得到有效的协调发展"，因此这反过来又促进了专业化市场集群的发展。我们认为，白小虎（2004）的观点可以解释商品交易市场在空间分布上趋于集中，经营范围不断细化，以及经营规模不断扩大的发展趋势，其核心是专业市场规模扩大或经营范围细化对商品交易市场整体的影响。与之不同，本章更关注的是在市场规模扩大过程中每个摊位经营者的最优决策及其对其他摊位经营者的影响。Coles 和 Smith（1998），Coles（1999）指出，即使交易市场不存在匹配成本，新进入市场的持有（或偏好）差异化产品的交易者增加将改善参与交易的各方和生产者的福利，即存在所谓人员流量外部性。因此，Coles 和 Smith（1998），Coles（1999）的观点可以用于解释求职市场、二手车市场或房屋市场等消费者偏好不同（单位）产品的市场，这启发我们考察新摊位的进入导致市场内商品多样化程度变化对单个摊位的影响，即多样化效应。然而，对于消费者偏好多样化产品的商品交易市场而言，新摊位的进入将使原有摊位面临更激烈的市场竞争。在这种情况下，有必要关注新进入摊位对原有摊位销售活动产生的"挤出"影响，这种竞争效应在 Coles 和 Smith（1998），Coles（1999）模型中并不存在。为此，本章围绕商品交易市场发展存在的竞争效应与多样化效应，构建一个直观的理论模型刻画了摊位经营者之间的互动作用及其影响，这不仅为理解商品交易市场的微观发展机理提供了一种新的解释,同时也进一步发展了 Coles 和 Smith(1998)及 Coles(1999)的模型。此外,利用历年《中国商品交易市场统计年鉴》相关数据,本章还从省级和重点城市两个层面对商品交易市场的竞争效应和多样化效应进行定量分析,估计了两种效应对摊位经营者的影响程度。

4.3 模型设定、变量选择与数据说明

4.3.1 模型设定

考察一个由若干个孤立地区构成的封闭经济,各地区之间不存在相互贸易,每个地区都有一个商品交易市场。为简化分析,假设每个地区工业企业生产的工业品都通过当地的商品交易市场销售产品,并不直接销售给顾客,或者说每个地区的消费者都到商品交易市场购买工业品;但农产品不通过商品交易市场而由农民直接销售给本地居民。由于各地之间是相互独立的,所有生产、交换、消费等经济活动都在本地完成,即假设地区间运输成本无穷大,而地区内运输成本为零。工业和农业生产只使用同质劳动力作为投入要素:每单位农产品生产需要 1 单位劳动力;每个工业企业生产 y 单位产出需要的劳动力投入为 $l = f + cy$,其中,c 为工业企业生产每单位产品需要的边际劳动力数量,f 为工业企业生产需要的固定劳动力数量。进一步,假设每个居民拥有 1 单位劳动力,并将劳动力作为计价物,即工资率为 1。

假设所有地区的消费者具有相同的偏好,地区 i 的代表性消费者的偏好由如下效用函数来刻画:

$$U^i = (x^i)^{1-\alpha} \left\{ \left[\sum_{j=1}^{N^i} (y_j^i)^{\frac{\delta-1}{\delta}} \right]^{\frac{\delta}{\delta-1}} \right\}^{\alpha}, \quad \delta > 1 \tag{4.1}$$

其中,x^i 为地区 i 的代表性消费者对农产品的消费量;y_j^i 为地区 i 的代表性消费者对第 j 种工业品的消费量。δ 为商品交易市场销售的任意两种工业品之间的替代弹性,δ 越大,说明产品之间的替代性越强,多样化程度越小。由效用最大化问题可知,地区 i 代表性消费者对农产品的需求为 $1-\alpha$;对第 j 种工业品的需求为 $\dfrac{\alpha (p_j^i)^{-\delta}}{(P_y^i)^{1-\delta}}$,其中 P_y^i 为地

区 i 消费者购买商品交易市场销售的工业品的价格指数，即 $P_y^i = \left[\sum_{j=1}^{N^i}(p_j^i)^{1-\delta}\right]^{\frac{1}{1-\delta}}$。假设地区 i 居住着 I 个居民，则地区 i 的第 j 种工业品生产企业进入该地商品交易市场面临的需求函数为：

$$y_j^i = \frac{\alpha I (p_j^i)^{-\delta}}{(P_y^i)^{1-\delta}} \tag{4.2}$$

故生产第 j 种产品的企业利润最大化问题为：

$$\max_{p_j^i} \pi_j^i = (p_j^i - c)y_j^i - f$$

假设地区 i 的企业在商品交易市场进行寡头市场价格竞争，从而由一阶条件可得：

$$p_j^i\left(1 - \frac{1}{\varepsilon_i}\right) = c \tag{4.3}$$

和

$$\varepsilon_j^i = -\frac{\partial y_j^i}{\partial p_j^i}\frac{\partial p_j^i}{\partial x_j^i} \tag{4.4}$$

根据需求函数(4.2)，可得：

$$\frac{\partial y_j^i}{\partial p_j^i} = \frac{-\delta(p_j^i)^{-\delta-1}\left[\sum_{j=1}^{N}(p_j^i)^{-(\delta-1)}\right] + (p_j^i)^{-\delta}(\delta-1)(p_j^i)^{-\delta}}{\left[\sum_{j=1}^{N}(p_j^i)^{-(\delta-1)}\right]^2}\alpha I$$

$$= -\delta\frac{y_j^i}{p_j^i} + (y_j^i)^2\frac{\delta-1}{\alpha I} \tag{4.5}$$

将(4.5)式代入(4.4)式，可得：

$$\varepsilon_j^i = -\frac{\partial y_j^i}{\partial p_j^i}\frac{\partial p_j^i}{\partial x_j^i} = \delta - (\delta-1)\frac{p_j^i y_j^i}{\alpha I} \tag{4.6}$$

假设所有企业都是对称的，即 $\varepsilon_j^i = \varepsilon_k^i = \varepsilon^i$，$p_j^i y_j^i = p_k^i y_k^i = \frac{\alpha I}{N^i}$，$\forall j,k$；那么结合(4.3)、(4.6)两式可知，寡头竞争均衡时地区 i 生产企业的产品均衡价格为：

$$p^* = p_j^i = p_k^i = c\left(1 + \frac{N^i}{N^i-1}\frac{1}{\delta-1}\right) \tag{4.7}$$

从而，地区 i 生产企业利润函数为：

$$\pi^* = \pi_j^i = \pi_k^i = \frac{\alpha I}{\delta(N^i - 1) + 1} - f \qquad (4.8)$$

将(4.8)式对 N^i 和 δ 求偏导,可得

$$\frac{\partial \pi^*}{\partial N^i} < 0, \frac{\partial \pi^*}{\partial \delta} < 0 \qquad (4.9)$$

命题 商品交易市场中每个企业的利润与进入市场的企业数负相关,与市场中产品的多样化程度正相关;即前者为负的竞争效应,后者为正的多样化效应。

这就是说,商品交易市场中每个摊位经营者的收益水平与竞争者人数负相关,与市场中产品多样化程度正相关。基于上述分析和数据的可获得性,建立以下双对数模型:

$$\ln AS_{it} = \beta_0 + \beta_1 \ln DI_{it} + \beta_2 \ln BN_{it} + \beta_3 \ln VA_{it} + \sum_{j=4} \beta_j CTRL_{ijt} + \mu_{it}$$

$$(4.10)$$

其中,$\ln AS$ 是被解释变量,表示单个摊位的收益水平(取对数值);解释变量 $\ln DI$ 是消费者的收入水平(取对数值);$\ln BN$ 和 $\ln VA$ 是两个关键解释变量,分别用商品交易市场的摊位数和市场中的产品多样化水平(均取对数值)表示竞争效应和多样化效应;$CTRL$ 表示其他控制变量,i 和 t 分别表示第 i 个省份(或城市)和第 t 年,下文在介绍变量和数据时将详细说明使用的样本和其他控制变量;μ 是残差项。通过系数 β_2 和 β_3 的显著性和大小,可以得到竞争效应和多样化效应对商品交易市场单个摊位收益水平的影响程度和方向。

4.3.2 变量选择与数据说明

经验分析选取了两组样本,一组是我国 30 个省(自治区、直辖市,未包括西藏和港澳台地区)2000—2012 年商品交易市场面板数据,另一组是 35 个重点城市(包括省会城市、直辖市和计划单列城市)2002—2012 年商品交易市场面板数据。本章同时从省级和重点城市两个层面考察这一问题,主要是因为省级和重点城市层面数据各有所长。省级层面数据虽然不能严格满足理论模型中商品交易市场的辐射范围互不重叠假设,但其涵盖了不同市场类型和交易规模的商品交

易市场，具有样本数量较多、信息量大的优点；重点城市层面数据虽然更符合理论模型的孤立市场假设，但其包含的商品交易市场平均规模较省级层面更大、市场类型也更集中，从而使样本具有一定的偏向性。因此，从省级和重点城市两个层面对商品交易市场进行考察，不仅可以检验理论模型结论的稳健性，也有助于更全面地认识商品交易市场的微观运作机理。在数据来源方面，商品交易市场成交额和摊位数取自历年《中国商品交易市场统计年鉴》；省级层面其他数据均取自历年《中国统计年鉴》和《中国统计摘要》；重点城市层面的居民可支配收入取自历年《宁波统计年鉴》。

受数据可获得性的约束，本章用亿元以上商品交易市场摊位数代表 BN；用亿元以上商品交易市场单个摊位平均成交额代表单个摊位的收益水平 AS，即 $AS_{it} = TS_{it}/BN_{it}$，其中 TS_{it} 为 i 地区 t 期亿元以上商品交易市场成交额。为以示区别，省级层面的市场摊位数和单个摊位平均收益变量名称分别记为 BNP 和 ASP；重点城市层面的市场摊位数和单个摊位平均收益变量名称分别记为 BNC 和 ASC。考虑到亿元以上商品交易市场主要分布在城镇地区，因此用城镇居民可支配收入代表消费者的收入水平 DI，省级层面和重点城市层面的收入指标变量名称分别记为 DIP 和 DIC。对于多样化指标 VA，本章利用按商品类别和地区统计的摊位数和市场数构造了测度商品交易市场产品多样化程度的指标，计算公式为：

$$VA_{it} = \sqrt{\sum_{k=1}^{n} BN_{kit} - \overline{BN}_{it}^2 / (\overline{BN}_{it} \cdot MN_{it})} \qquad (4.11)$$

其中，BN_{kit} 是 i 地区 t 期销售第 k 类产品的摊位数；$\overline{BN}_{it}$ 是 i 地区 t 期 n 类产品商品交易市场的平均摊位数，也即 $\overline{BN}_{it} = \sum_{k=1}^{n} BN_{kit}/n$；而 MN_{it} 则是 i 地区 t 期亿元以上商品交易市场的个数。因此，VA_{it} 实际上是由 i 地区 t 期各类产品销售摊位的变异系数乘以该地区市场数的倒数构成。变异系数刻画了 i 地区 t 期所有摊位在各产品类别上的分布情况，数值越大表明该地商品交易市场这一时期的摊位越集中于销售少数几类产品，或者说从产品类别看该地商品交易市场这一时期的产品多样化程度越低。实际上,一个地区的产品多样化程度除了取决于摊位在各产品类别上的分布情况外,还取决于每一产品类别内部的差异化程度。一个地区商品交易市场数量的多少可以反映该地市场范围的大小,由于市场范围决定分工水平,因而某地商品交易市场的个数一定程度上反映了该地产品类别内部的差异化程度且两者之间存在正相关关系。所以,解释变量 VA_{it} 通过摊位变异系数和市场数的复合,可以综合反映出 i 地区 t 时期产品类别之间和产品类别内部的差异化程度,VA_{it} 越大,表明 i 地区 t 时期的产品多样化水平越低,反之亦然。类似的,省级层面和重点城市层面的多样化指标变量名分别记为 VAP 和 VAC。

表 4.2 报告了经验研究使用的商品交易市场主要变量的均值和方差。由表 4.2 可知,无论从省级层面还是从重点城市层面看,单个摊位平均成交额在 2000—2012 年期间较快增长,2012 年省级层面单个摊位平均成交额为 2000 年的 3 倍;地区平均摊位数的增幅相对较小,2012 年较 2000 年增加了 65%,产品多样化程度也有显著提高。重点城市层面的指标变化趋势与省级层面基本相似。

表 4.2　2000—2012 年中国各地区亿元以上商品交易概况

年份	省级层面			重点城市层面		
	单个摊位平均成交额(万元)	摊位数(万个)	多样化指数	单个摊位平均成交额(万元)	摊位数(万个)	多样化指数
2000	77.80	7.05	0.06	—	—	—
	(71.97)	(7.81)	(0.08)			
2001	81.28	7.34	0.06	—	—	—
	(89.47)	(8.39)	(0.07)			
2002	84.33	7.30	0.06	105.10	2.27	0.15
	(82.29)	(8.27)	(0.09)	(79.24)	(1.65)	(0.20)
2003	90.07	7.16	0.06	111.42	2.33	0.14
	(98.30)	(7.91)	(0.07)	(93.09)	(1.64)	(0.20)
2004	105.34	7.43	0.05	131.34	2.44	0.15
	(113.34)	(8.18)	(0.06)	(108.00)	(1.75)	(0.27)

续表

年份	省级层面			重点城市层面		
	单个摊位平均成交额（万元）	摊位数（万个）	多样化指数	单个摊位平均成交额（万元）	摊位数（万个）	多样化指数
2005	126.13	7.50	0.07	160.68	2.39	0.18
	(146.15)	(8.66)	(0.08)	(139.92)	(1.74)	(0.33)
2006	128.73	8.43	0.06	162.82	2.81	0.13
	(93.50)	(9.20)	(0.10)	(96.81)	(2.14)	(0.24)
2007	144.41	8.94	0.05	182.72	2.98	0.09
	(107.87)	(9.64)	(0.07)	(107.14)	(2.19)	(0.14)
2008	163.31	9.46	0.04	202.08	3.20	0.08
	(113.13)	(9.69)	(0.06)	(111.25)	(2.33)	(0.12)
2009	172.54	9.98	0.04	209.65	3.38	0.08
	(115.66)	(10.34)	(0.06)	(114.16)	(2.45)	(0.11)
2010	201.75	10.64	0.04	242.94	3.56	0.08
	(161.07)	(10.78)	(0.06)	(152.71)	(2.55)	(0.11)
2011	217.37	11.12	0.04	255.64	3.84	0.06
	(161.84)	(11.26)	(0.05)	(158.69)	(2.71)	(0.07)
2012	240.37	11.65	0.03	273.14	4.08	0.06
	(231.09)	(11.73)	(0.05)	(222.12)	(2.80)	(0.07)

注：表格中为变量的均值，括号中为标准差，小数点后两位四舍五入。

实证模型引入的控制变量主要是时间虚拟变量 $D2003$ 和 $D2005$。引入 2003 年虚拟变量是为了控制该年度因为 SARS 冠状病毒流行引起传染性非典型肺炎这一突发性公共卫生事件对各地区商品交易市场这种人流密集、环境嘈杂、公共卫生条件较差的实体交易场所经营活动产生的巨大负面影响。由相关数据可以发现，2003 年我国亿元以上商品交易市场个数比 2000 年虽增加了 7 个，但总摊位数却减少 4.19 万个；当年市场成交额增幅为 8%，与前后几个年度相比明显较低(2002 年、2004 年、2005 年和 2006 年的市场成交额年增长率分别为 12％、21％、19％ 和 20％），反映出"非典"疫情的影响。引入 2005 年虚拟变量是因为国家工商行政管理局曾于 1996 年 7 月制定《商品交易市场登记管理办法》，要求开办商品交易市场必须领取《市场登记证》。然而，《中华人民共和国行政许可法》（2003 年 8 月 27 日第十届全国人民代表大会常务委员会第四次会议通过）于 2004 年 7 月 1 日颁布实施后，原有的《市场登记证》制度与《行政许可法》相关规定冲突，因此国家工商行政管理总局于 2004 年 8 月 31 日废止《商品交易市场登记管理办法》，于是《商品交易市场年度检验办法》（1997 年 7 月 14 日国家工商行政管理局令第 76 号）也随之失效。不少省市为弥补有形市场登记管理执法依据空白，先后于 2004 年底至 2005 年初修订或新颁布地方性法规以加强对商品交易市场的管理。[①] 考虑到法规变革的影响具有一定滞后性，本章引入 2005 年时间虚拟变量对这一现象加以考察。

本章采用面板数据的固定效应（FE）和随机效应（RE）分析法，面板数据可以克服那些"不随时间变化、为个体所特有但却观察不到"的因素对商品交易市场绩效的影响，比如各地区经商传统和交易习俗等。究竟支持 FE 还是 RE 模型，取决于 Hausman 检验结果。

4.4 实证检验及分析

4.3 节的理论模型刻画了竞争效应和多样化效应对商品交易市场单个摊位经营情况的影响，本节将利用 2000—2012 年省级层面和 2002—2012 年重点城市层面亿元以上商品交易市场面板数据对理论模型得出的命题进行检验。

---

① 比如，《浙江省商品交易市场管理条例》（2004 年 5 月 28 日浙江省第十届人民代表大会常务委员会第十一次会议修订）、《上海市商品交易市场管理条例》（2005 年 11 月 25 日上海市第十二届人民代表大会常务委员会第二十四次会议通过）、《海南经济特区商品交易市场管理条例》（2004 年 8 月 6 日海南省第三届人民代表大会常务委员会第十一次会议通过）、《陕西省商品交易市场管理条例》（2004 年 6 月 4 日陕西省第十届人民代表大会常务委员会第十一次会议修订）、《广西壮族自治区商品交易市场管理条例》（2004 年 3 月 26 日广西壮族自治区第十届人民代表大会常务委员会第七次会议修订）等。

4.4.1　省级层面分析

表 4.3 报告了我国 30 个省份面板数据对(4.11)式回归结果,Haus-man 检验结果拒绝随机效应模型。两个关键解释变量 *BNP* 和 *VAP* 对商品交易市场单个摊位平均成交额都具有显著影响,且影响方向与理论模型的预期完全一致。从回归结果(1)看,进入商品交易市场的摊位数量每增加一个百分点,将使单个摊位平均成交额因市场竞争加剧而下降 0.358 个百分点;而商品交易市场上产品的多样化程度每降低一个百分点(即 ln*VA* 增加 1%),将使单个摊位平均成交额下降 0.306 个百分点。因此,省级层面回归结果表明,摊位数每增加 1% 带来的负效应略高于产品的多样化程度每提高 1% 带来的正效应,换句话说,竞争效应对商品交易市场单个摊位成交额的影响略高于多样化效应。

表 4.3　竞争效应和多样化效应对商品交易市场绩效的影响(省级层面)

	lnASP			
	(1)FE	(2)FE	(3)FE	(4)FE
ln*DIP*	0.951***	0.932***	0.937***	0.921***
	(9.23)	(8.90)	(9.11)	(8.79)
ln*BNP*	−0.358**	−0.370**	−0.365**	−0.375**
	(−2.10)	(−2.20)	(−2.18)	(−2.27)
ln*VAP*	−0.306**	−0.313**	−0.357**	−0.356**
	(−2.50)	(−2.56)	(−2.70)	(−2.69)
D2003		−0.138***		−0.128***
		(−3.64)		(−3.49)
D2005			0.101*	0.0852*
			(2.03)	(1.76)
样本数	390	390	390	390
组数	30	30	30	30
R^2	0.792	0.798	0.794	0.799
F 检验	107.749	81.621	79.341	64.181

注:(1)数据处理和模型估计由 Stata 12.0 软件计算;(2)括号中为系数异方差稳健的 *t* 统计量值;(3)*、**、*** 分别表示显著性水平为 10%、5% 和 1%;(4)Hausman 检验零假设是 FE 和 RE 估计的系数无系统性差异,拒绝原假设以及 V_b−V_B 为非正定时选择 FE。(5)回归结果省略了常数项。

从回归结果看,消费者收入水平 DIP 的提高对商品交易市场的影响显著为正,这说明商品交易市场交易的商品具有正的收入弹性,属于正常品;同时,DIP 的参数估计值表明消费者收入水平是影响商品交易市场绩效的重要因素,消费者可支配收入水平每提高 1 个百分点,单个摊位平均成交额可提高 0.9% 左右。对于非关键解释变量而言,所有回归结果均表明时间虚拟变量 $D2003$ 对单个摊位平均成交额的影响显著为负,这说明当年突发性公共卫生事件(SARS 疫情)确实对人流密集的商品交易市场产生了显著的负面影响,这与直观猜测是一致的。另一时间虚拟变量 $D2005$ 对单个摊位平均成交额的影响显著为正,则说明各地区新修订实施的地方性法规在商品交易市场的登记和管理等方面比原有的全国性法规更具针对性和有效性。这可能是因为原有的全国性法规是 1996 年制定的,而商品交易市场之言十年的扩张发展和市场升级过程中出现的许多新情况和新问题在原有法规框架内已无法得到有效解决,而各省新出台的地方性法规、规章则能够及时结合商品交易市场的最新发展情况和各省实际制定相关规则,从而积极有效地促进了各地商品交易市场的发展。不过从影响程度上比较,这两次外生冲击对商品交易市场单个摊位平均成交额的影响程度显然不及收入因素、竞争效应和多样化效应,这说明消费者可支配收入、商品交易市场的竞争效应和多样化效应是决定其经济绩效的关键因素。

4.4.2 重点城市分析

表 4.4 报告了我国 35 个重点城市(省会城市和计划单列城市,不包括拉萨和港澳台地区)的面板数据对(4.11)式的回归结果,Hausman 检验结果同样拒绝了随机效应模型。从回归结果看,所有解释变量参数估计值的影响方向与省级层面估计结果一致。关键解释变量 BNC 和 VAC 对商品交易市场单个摊位平均成交额的影响均高度显著。从回归结果(5)看,进入商品交易市场的摊位数量每增加一个百分点,将使单个摊位平均成交额因竞争加剧而下降 0.432%;而商品交易市场的产品多样化程度每降低一个百分点(即 $lnVA$ 增加 1%),将

使单个摊位平均成交额下降 0.364 个百分点。比较摊位数 *BN* 和多样化 *VA* 在表 4.3 回归结果(4)与表 4.4 回归结果(8)的参数估计值可知：(1)竞争效应：省级层面因摊位数增加引起的负向竞争效应低于重点城市层面的负向竞争效应(0.375＜0.422)；(2)多样化效应：省级层面因产品种类增加而引起的正向多样化效应低于重点城市层面的正向多样化效应(0.356＜0.391)。这两方面都表明，由于同城商品交易市场摊位之间的平均距离比同省商品交易市场摊位之间的平均距离更短，而摊位之间平均距离的缩短使得摊位之间的竞争效应和多样化效应的作用强度增大，这导致同城摊位之间的竞争效应和多样化效应都要大于同省摊位之间的竞争效应和多样化效应。值得注意的是，重点城市层面的竞争效应和多样化效应估计值的绝对值之差大于省级层面的竞争效应和多样化效应估计值的绝对值之差(0.19＜0.31)。这进一步表明，随着摊位之间平均距离的缩短，负向竞争效应强度增加的速度超过了正向多样化效应强度增速。换句话说，竞争效应可能比多样化效应对摊位间的平均距离更敏感。

表 4.4 竞争效应和多样化效应对商品交易市场绩效的影响(重点城市层面)

	ln*ASC*			
	(5)FE	(6)FE	(7)FE	(8)FE
ln*DIC*	0.876***	0.833***	0.875***	0.840***
	(0.105)	(0.102)	(0.103)	(0.100)
ln*BNC*	−0.432***	−0.427***	−0.424***	−0.422***
	(0.137)	(0.137)	(0.135)	(0.136)
ln*VAC*	−0.364**	−0.368**	−0.392**	−0.391**
	(0.153)	(0.152)	(0.148)	(0.148)
Year2003		−0.123**		−0.101**
		(0.049)		(0.045)
Year2005			0.124**	0.105**
			(0.046)	(0.042)

	ln*ASC*			
	(5)FE	(6)FE	(7)FE	(8)FE
样本数	384	384	384	384
组数	35	35	35	35
R^2	0.663	0.669	0.669	0.673
F 检验	84.913	64.074	70.094	59.328

注:(1)数据处理和模型估计由 Stata12.0 软件计算;(2)括号中为该系数异方差稳健的 *t* 值;(3)*、**、*** 分别表示显著性水平为 10%、5% 和 1%;(4)Hausman 检验零假设是 FE 和 RE 估计的系数无系统性差异,拒绝原、假设以及 V_b－V_B 为非正定时选择 FE。(5)回归结果省略了常数项。

在重点城市的回归结果中,消费者收入水平 DIC 的提高对商品交易市场的影响同样显著为正;DIC 参数估计值大小同样表明消费者的收入水平是影响商品交易市场绩效的重要因素之一,城镇居民可支配收入提高一个百分点将导致商品交易市场单个摊位的平均成交额提高 0.83%～0.87%。对于时间虚拟变量而言,表 4.4 回归结果(5)～(8)均表明时间虚拟变量 *D*2003 对单个摊位平均成交额的影响显著为负;时间虚拟变量 *D*2005 对单个摊位平均成交额的影响显著为正。从影响程度来看,两次外生冲击对商品交易市场单个摊位平均成交额产生的影响不及竞争效应、多样化效应以及消费者收入水平变动的影响。总之,省级面板数据与重点城市面板数据回归结果基本一致,都支持 4.3 节理论模型的基本结论。

4.5 小 结

改革开放以来,作为共享式销售组织的商品交易市场在我国获得了飞速发展,成为重要的商品流通渠道。商品交易市场内摊位经营者数量的增多,一方面,加剧了摊位之间的竞争激烈程度,降低了每个摊位经营者的收益水平;另一方面,也丰富了市场的商品品种,吸引更多的消费者进场购买,新需求的形成增加了每个摊位经营者的收益水平。本章构建了一个简单的理论模型考察竞争效应和多样化效应对商品交易市场摊位经营绩效的影响,基于 2000—2012 年 30 个省(直辖市、自治区)和 35 个重点城市面板数据估计了竞争效应和多样化效应对商品交易市场摊位经营绩效的影响程度,得到的主要结论有:

(1)商品交易市场的发展受到两种相反方向力量的作用:正向的多样化效应和负向的竞争效应。在其他条件不变的情况下,产品种类的增加会提高摊位经营者平均的收益水平;而摊位经营者的增加会降低其平均的收益水平。

(2)省级层面的负向竞争效应要低于重点城市层面的负向竞争效应;省级层面的正向多样化效应也低于重点城市层面的正向多样化效应。这表明,随着商品交易市场摊位之间平均距离的缩短,竞争效应和多样化效应都将增强。

(3)重点城市层面的竞争效应和多样化效应估计值的绝对值之差大于省级层面的竞争效应和多样化效应估计值的绝对值之差。这表明,竞争效应比多样化效应对摊位之间平均距离更敏感。

(4)2003 年突发性公共卫生事件(SARS 疫情)对人流密集的商品交易市场产生了显著的负面影响;而 2005 年新修订实施的地方性法规在商品交易市场的登记和管理等方面比原有的全国性法规更具针对性和有效性,从而有效地促进了各地商品交易市场的发展。

附图 4.1 为 2012 年按商品类别划分的各地区摊位数与单个摊位成交额(不包含极个别异常点)。

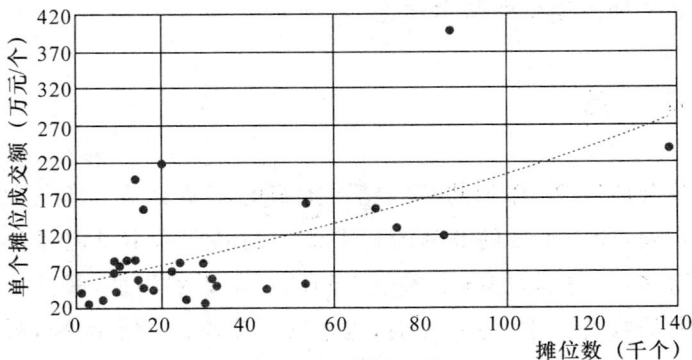

(1)服装鞋帽针纺织品类

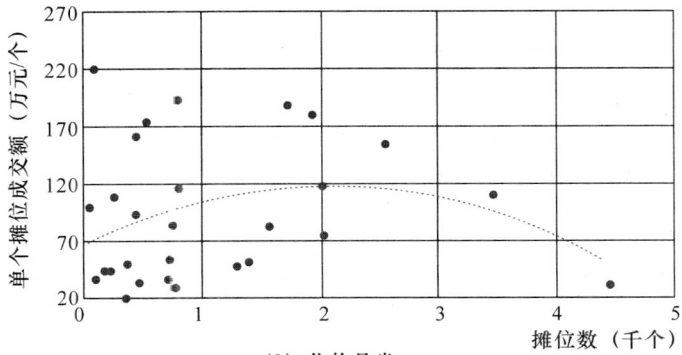

（2）化妆品类

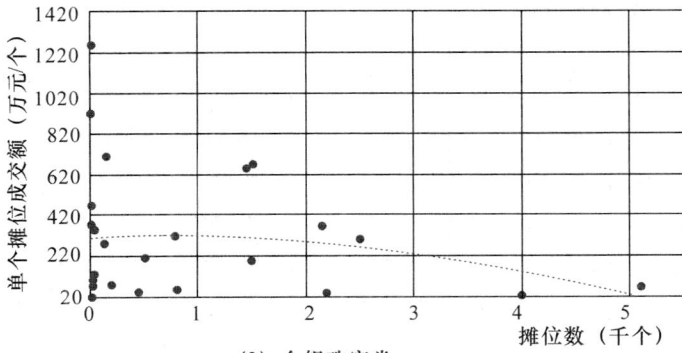

（3）金银珠宝类

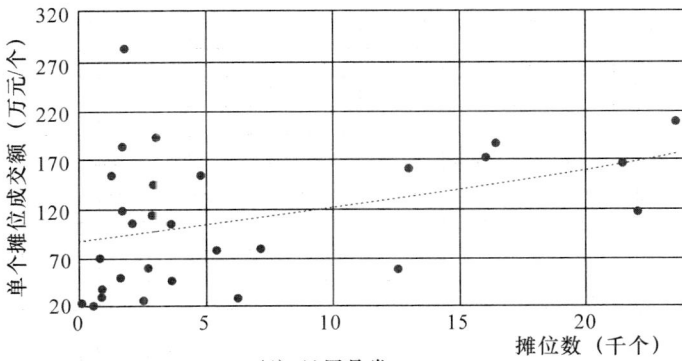

（4）日用品类

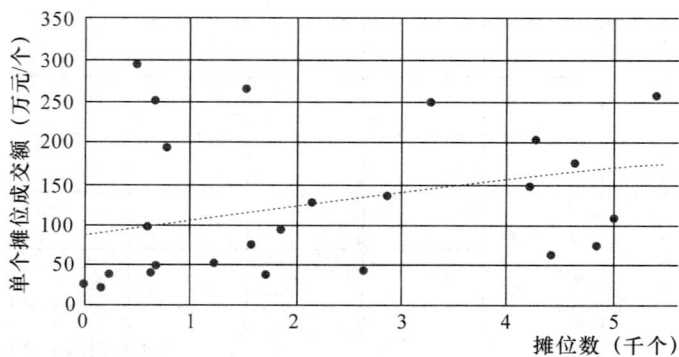

（5）五金电料类

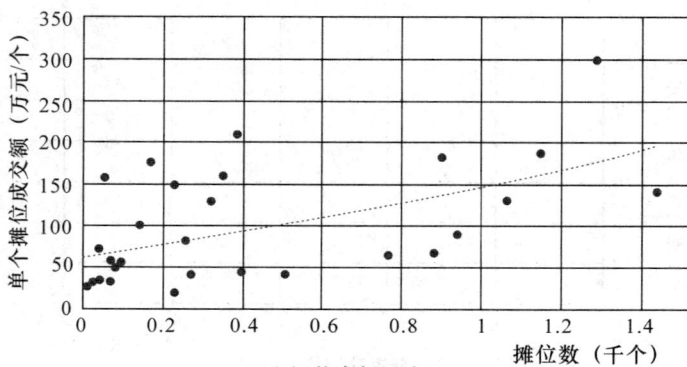

（6）体育娱乐类

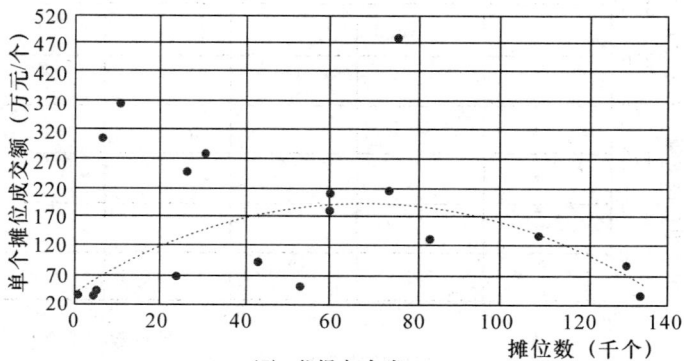

（7）书报杂志类

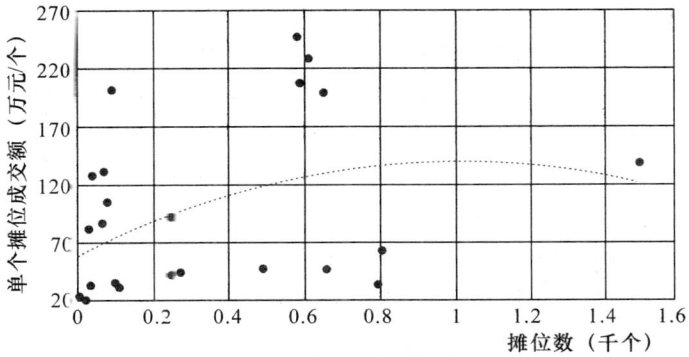

（8）电子出版物及音像制品类

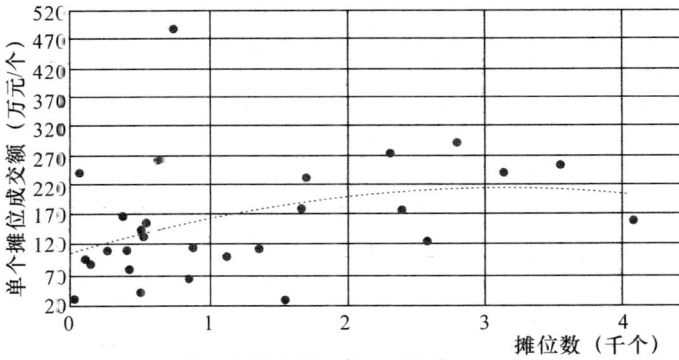

（9）家用电器和音响器材类

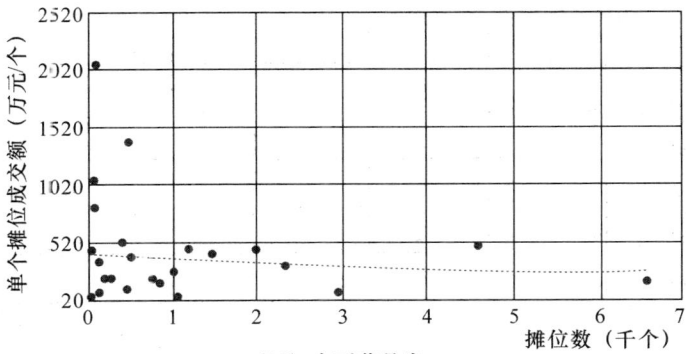

（10）中西药品类

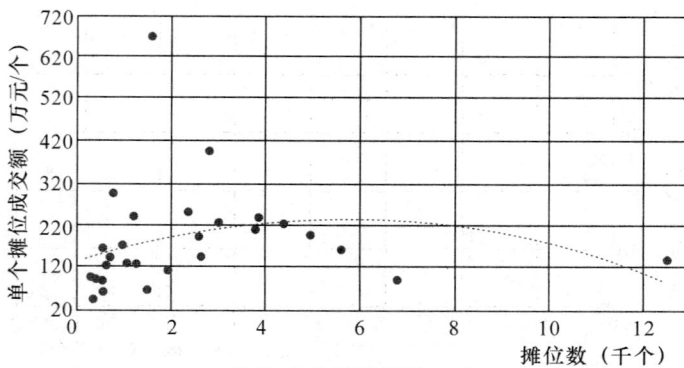

（11）文化办公品类

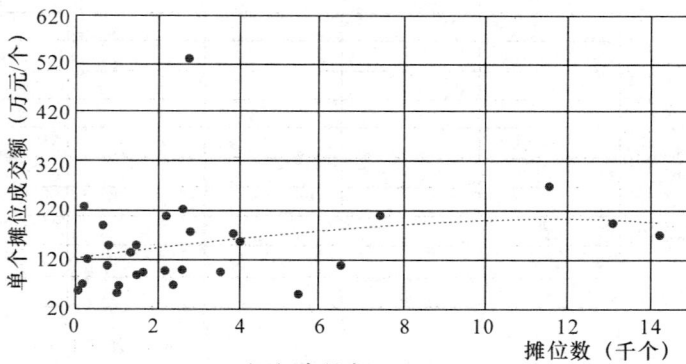

（12）家具类

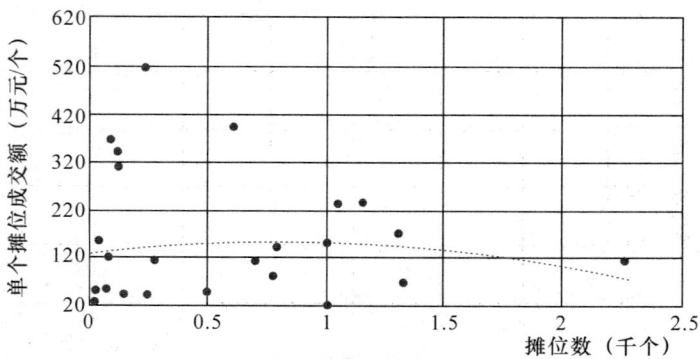

（13）通信器材类

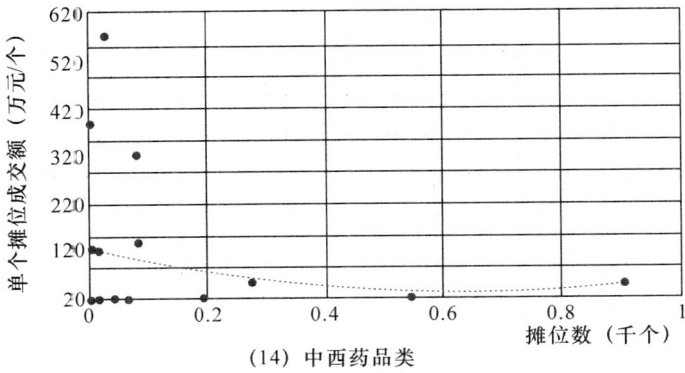

（14）中西药品类

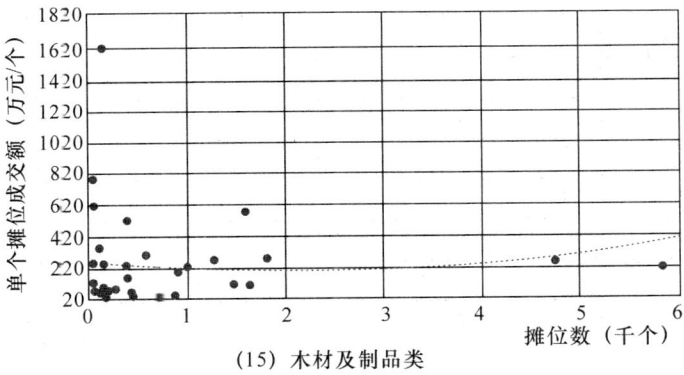

（15）木材及制品类

（16）石油及制品类

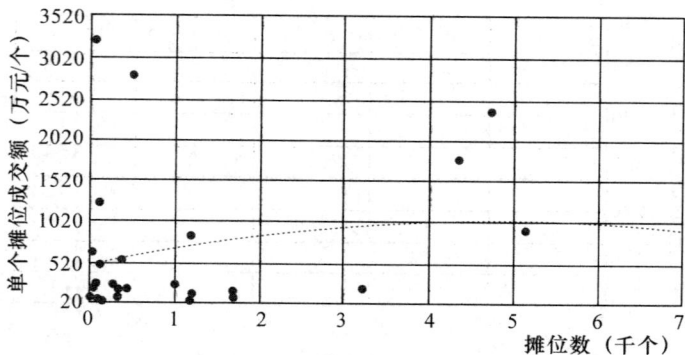

（17）化工材料及制品类

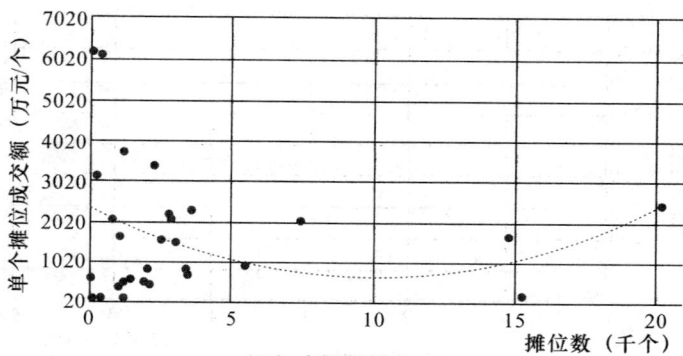

（18）金属材料类

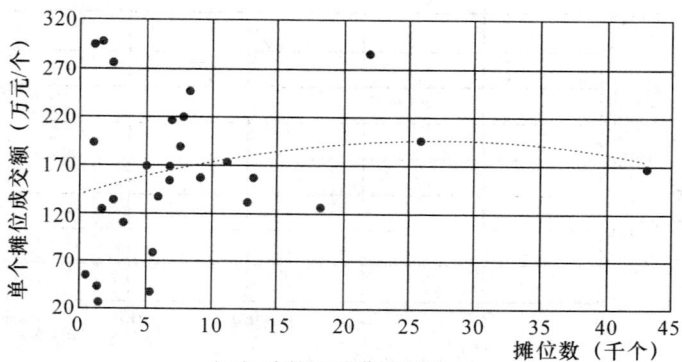

（19）建筑及装潢材料类

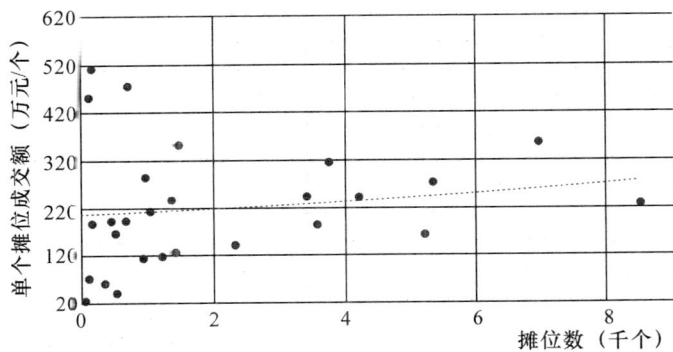

（20）机电产品及设备类

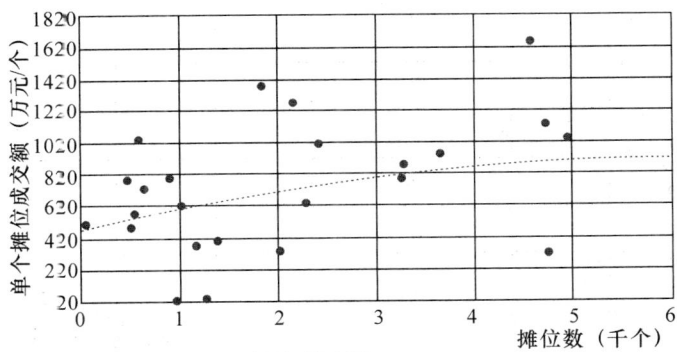

（21）汽车类

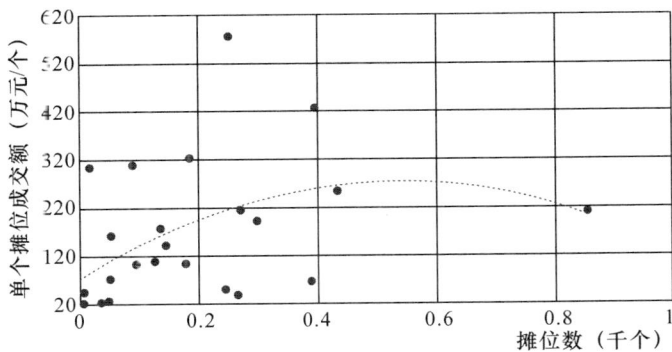

（22）种子饲料类

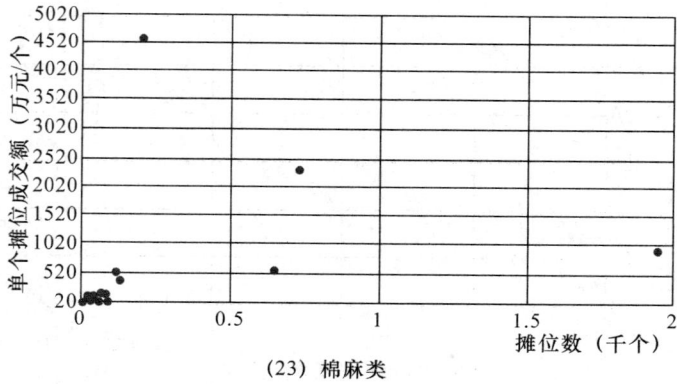

(23) 棉麻类

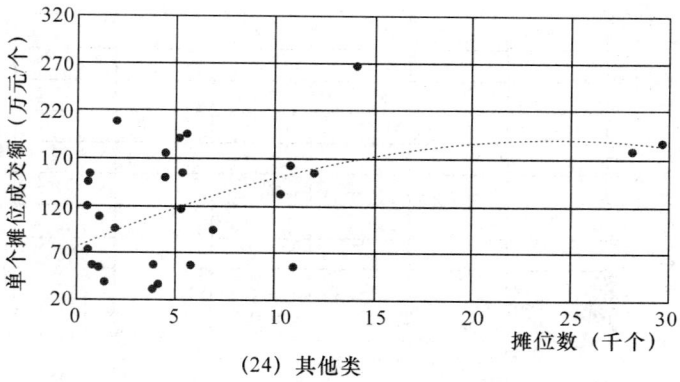

(24) 其他类

附图 4.1　2012 年按商品类别划分的各地区摊位数与单个摊位成交额

5 接入效应与商品交易市场的发展

5.1 引 言

　　改革开放 30 多年来,中国的经济发展获得了长足的进步。在这一过程中,商品交易市场通过为众多中小企业提供共享式销售平台而飞速壮大,成为中国市场化改革在商品流通领域的一大特色。与 1978 年相比,2002 年我国商品交易市场的总数增加了 1.67 倍,成交额增加了 277 倍;2004 年,我国亿元以上商品交易市场的成交额占限额以上批发零售贸易业商品销售总额的 30％,与社会消费品零售总额(批发零售业)的比值为 0.52∶1,已成为我国国内商品流通的重要渠道之一。大多数学者认为,外部规模经济、信息集散和降低交易不确定性带来的风险是商品交易市场的三个基本经济功能(郑勇军、金祥荣,1995;金祥荣等,1998);这使当地的中小企业可以分享销售方面的规模经济,由此促进了分工专业化和市场交易扩展,进而带动了区域经济增长(郑勇军,2003)。鉴于商品交易市场在驱动区域经济增长方面的积极作用,不少省市在地方政府主导下纷纷兴办市场,然而并不是每个建设方案都实现了预定目标,"有场无市"或"空壳市场"的尴尬局面屡见不鲜。① 这就向理论界提出了决定商品交易市场选址与发展的影响因素问题。

新经济地理学的企业选址理论强调最终品市场接入及投入品供给接入与贸易成本之间的冲突和权衡（Krugman & Venables，1995；Markusen & Venables，1998，2000）。基于上述理论，商品交易市场作为一种销售型企业，其选址同样受制于贸易成本、最终品需求（消费者）接入和投入品供给（生产企业）接入之间的冲突和权衡。有鉴于此，本章试图研究市场接入、供给接入和贸易成本对商品交易市场发展的相对重要性。至少有如下问题值得提出和分析：市场接入和供给接入对各地商品交易市场的发展究竟有什么影响？国内市场分割和地方保护会不会影响地方商品交易市场的发展，影响程度如何？与供给接入和市场接入相比，运输成本又如何影响各地商品交易市场的发展？

已有研究大多从交易费用、规模经济、制度变迁理论等视角探讨商品交易市场兴起和发展的原因（比如，郑勇军、金祥荣，1995；金祥荣、柯荣住，1997；白小虎，2004），很少从新经济地理学视角分析这一问题。有的研究者虽然考虑到了一个地区的产品供给规模、需求规模以及贸易成本等因素对商品交易市场形成和发展的影响，却往往仅以此作为商品交易市场类型的划分标准，不外乎归纳出产地型、销地型、集散型和自产自销型等四类商品交易市场（比如，金明路，1996；盛世豪，1996；王汉文、张旭昆，1998），这些研究都没能进一步讨论和比较各种因素对商品交易市场发展的相对重要性。

本章试图在以下几方面拓展关于商品交易市场的研究。首先，结合空间因素分析市场接入和供给接入对各地商品交易市场发展的影响程度。具体而言，某省商品交易市场销售的差异化商品组合既可来源于本省，也可来源于外省；同样地，对某省商品交易市场销售的差异化商品组合的需求既可来源于本省，也可来源于外省，从而省份之间

---

① 参见国家统计局和国家经济贸易委员会联合调查组撰写的《对全国商品交易市场的快速调查》，载《中国商贸》2000 年第 2 期，第 21 页。

市场接入和供给接入的差异决定了各省商品交易市场发达程度的差异。其次,本章将制造业工业企业的行业分类和商品交易市场销售的商品分类进行一一匹配,基于此,本章刻画的市场接入和供给接入对商品交易市场发展的影响可以充分考虑产品类别之间的差异。第三,将新经济地理学文献所强调的影响企业定位决策的关键因素纳入计量模型后,本章拟就市场规模、贸易成本等因素对商品交易市场发展的相对重要性进行估计和比较。

值得指出的是,讨论我国国内商品流通问题无法回避的事实是,改革开放至今,我国仍然存在一定程度的地方保护及市场分割。尽管国内外研究者对中国地方保护及市场分割的变化趋势尚未取得共识,但无论是主张国内市场趋向非一体化的研究(Kumar,1994;Young,2000;Poncet,2003,2005),还是主张国内市场趋向一体化的研究(Naughton,1999;白重恩,2004;李善同,2004),都不否认现阶段地方保护及市场分割依然存在。地方保护的形式微妙多变,试图直接度量国内市场分割程度非常困难。本章分别考虑了省内和省际的市场接入和供给接入对商品交易市场发展的影响,因此可以通过比较省际贸易的参数估计值的大小来间接刻画中国省际贸易壁垒情况,即,当省际贸易这一变量的参数估计值小于省内贸易的参数估计值时,说明省际贸易壁垒的确阻碍了商品在全国范围内自由流动。本章还利用Poncet(2005)基于中国省际投入产出表估计的省际贸易边界壁垒值代替本文的估计值以检验上述结论。因此,本章的研究结论还可以增进人们对于目前我国国内市场分割程度的认识。

我国区域经济发展不平衡的状况在各地商品交易市场的数目和成交额上也有所体现。比如2006年,东部三大经济地带(环渤海、长三角、珠三角)亿元以上商品交易市场的数目和成交额分别占全国的40.2%和52.5%;而西部地区新疆、青海、内蒙古、宁夏、甘肃等省份亿元以上商品交易市场的数目和成交额则仅占全国的3.9%和2.2%。本章从新经济地理学视角出发探讨影响商品交易市场发展的各种因素的相对重要性,可以增进对我国区域间商品交易市场发展不平衡成因的理解。就研究方法而言,考虑到改革开放以来我国的商品交易市场与工业化尤其是农村工业化呈现"肩并肩"共同发展趋势，本章运用工具变量法控制可能存在的"工贸联动"的内生性问题。

本章其余部分的结构安排是：第二节阐述理论模型；第三节解释数据来源与变量设定；第四节是实证检验与分析；第五节是本章小结。

5.2 理论模型

假设一个国家有 J 个省份，每个省都有关于 i 行业产品的商品交易市场，该国的行业总数为 I。专业市场内销售 i 行业的差异化商品组合[①]，故不同省份、不同行业的专业市场之间是垄断竞争的。基于 Krugman 和 Venables(1995)，以及 Amiti 和 Javorcik(2008)的模型，j 省 i 行业的代表性专业市场的利润函数 π_j^i 为：

$$\pi_j^i = P_j^i x_j^i - G_j^i x_j^i - F_j^i \tag{5.1}$$

在(5.1)式中，P_j^i 为 j 省 i 行业的专业市场将差异化商品组合销售给本省消费者的价格，销售给 k 省消费者的价格为 $t_{jk}^i P_j^i$；$t_{jk}^i \geqslant 1$ 代表 i 行业的商品交易市场销售的商品组合在 j 省和 k 省之间的运输成本。这里采 Samulson 的"冰山型"成本来刻画，即 t_{jk}^i 单位的 i 行业的商品交易市场销售的商品组合从 j 省运出，只有 1 单位运达 k 省；若 $j = k$，则 $t_{jk}^i = 1$，若 $j \neq k$，则 $t_{jk}^i > 1$。同时，在(5.1)式中 x_j^i 为 j 省 i 行业的商品交易市场销售给全国所有消费者的商品组合的数量，F_j^i 是 j 省 i 行业建设商品交易市场的固定成本，G_j^i 是 j 省 i 行业的商品交易市场从各地组织该行业商品组合的成本指数。本章将商品交易市场看作是一家专业化的采购商，然后再把商品卖给全国消费者。因此，j 省 i 行业的商品交易市场从各地组织该行业商品组合的成本指数由下式决定：

$$G_j^i = \Big[\sum_{l=1}^{J} n_l^i (p_l^i \tau_{lj}^i)^{1-\sigma^i} \Big]^{\frac{1}{1-\sigma^i}}, \sigma^i > 1 \tag{5.2}$$

其中，n_l^i 为 l 省 i 行业生产企业的数量，每家企业都生产一种差异化商

---

① 本章把各省 i 行业的专业市场销售的商品组合看作是差异化的商品。

品；p_l^i 为 l 省 i 行业的生产企业销售差异化产品的出厂价格。不失一般性，假设所有行业都使用相同的规模报酬不变的生产技术，且将 p_l^i 单位化为 1。$\tau_{lk} \geqslant 1$ 为行业 i 的生产企业将产品从 l 省运到 k 省的运输成本，同样用 Samulson 的"冰山型"成本来刻画。$\sigma^i > 1$ 为商品交易市场作为需求方对行业 i 的差异化产品之间的替代弹性。

代表性消费者的偏好由如下效用函数来刻画，

$$U = \prod_{i=1}^{I} \left\{ \left[\sum_{l=1}^{J} (x_l^i)^{\delta^i} \right]^{\frac{1}{\delta^i}} \right\}^{\mu^i}, \delta^i > 1, \mu^i \in (0,1) \tag{5.3}$$

其中，x_l^i 为代表性消费者对 l 省 i 行业商品交易市场销售的商品组合的消费量；δ^i 为代表性消费者对 i 行业各地商品交易市场销售的商品组合的替代弹性；μ^i 为代表性消费者用于购买 i 行业商品组合的支出占总支出的比重，故有 $\sum_{i=1}^{I} \mu^i = 1$。

由代表性消费者的效用最大化问题可知，l 省消费者对 j 省 i 行业商品交易市场的商品组合的需求 d_{lj}^i 为：

$$d_{lj}^i = t_{jl}^i \frac{\mu^i E_l}{\Omega_l^i} \left(\frac{t_{jl}^i P_j^i}{\Omega_l^i} \right)^{-\delta^i} \tag{5.4}$$

其中，E_l 为 l 省消费者的总支出，δ^i 为消费者对各省 i 行业商品交易市场所销售的商品组合之间的替代弹性；Ω_l^i 为 l 省消费者购买各省 i 行业商品交易市场所销售的商品组合的价格指数，且该价格指数可表示为：

$$\Omega_l^i = \left[\sum_{j=1}^{J} (t_{jl}^i P_j^i)^{1-\delta^i} \right]^{\frac{1}{1-\delta^i}} \tag{5.5}$$

因此，全国消费者对 l 省 i 行业商品交易市场销售的商品组合的总需求为：

$$d_j^i = \sum_{l=1}^{J} d_{lj}^i = \sum_{l=1}^{J} t_{jl}^i \frac{\mu^i E_l}{\Omega_l^i} \left(\frac{t_{jl}^i P_j^i}{\Omega_l^i} \right)^{-\delta^i} \tag{5.6}$$

当经济系统达到均衡时，各省各行业商品交易市场销售的差异化产品组合的供给等于需求，即 $d_j^i = x_j^i, \forall i, j$。结合（5.1）式和（5.6）式，以及商品交易市场的利润最大化条件，可得均衡时 j 省 i 行业商品交易市场的商品组合在本省销售的销售价格满足 $P_j^i = \frac{\delta^i}{\delta^i - 1} G_j^i$，从而(5.5)式可重新表示为：

$$\Omega_i^i = \frac{\delta^i}{\delta^i - 1}\Big[\sum_{j=1}^{J}(t_{jl}^i G_j^i)^{1-\delta^i}\Big]^{\frac{1}{1-\delta^i}} \tag{5.7}$$

因此，j 省 i 行业商品交易市场的均衡利润函数为：

$$R_j^i = (G_j^i)^{1-\delta^i}\frac{(\delta^i-1)^{\delta^i-1}}{(\delta^i)^{\delta^i}}\Big[\sum_{l=1}^{J}(t_{jl}^i)^{1-\delta^i}\mu^i E_l(\Omega_i^i)^{\delta^i-1}\Big] \tag{5.8}$$

当 F 较小时，有 $\ln(\pi + F) = \ln(\pi)$。因此，对(5.8)式取对数可得：

$$\ln R_j^i = (1-\delta^i)\ln\{G_j^i\} + \ln\Big\{\sum_{l=1}^{J}(t_{jl}^i)^{1-\delta^i}\mu^i E_l(\Omega_i^i)^{\delta^i-1}\Big\}$$
$$+ \Gamma_j + \Phi_i \tag{5.9}$$

式(5.9)的前两项分别代表了本章最关心的供给接入和市场接入。第一项是商品交易市场采购各省差异化产品的成本指数，即供给接入效应的刻画。这些产品既可能来自于本省，也可能来自于外省；理论模型表明差异化产品的出厂价格指数越低（即供给接入越好）则商品交易市场获得的收益将越高。第二项反映了本省和外省的消费者对商品交易市场商品组合的需求水平，即市场接入效应的刻画。这一项与商品交易市场的收益水平正相关。第三项和第四项分别代表与各省的基本特征有关的因素（比如交通设施完善程度），以及与各行业的基本特征有关的因素。由此，整理(5.9)式可以得到如下有待检验的实证模型：

$$\ln R_j^i = \beta_0 + \beta_s \ln sa_j^i + \beta_m \ln ma_j^i + \beta_z \ln Z_j + \beta_i \ln V_j^i + e_j^i \tag{5.10}$$

其中，sa_j^i 和 ma_j^i 分别代表 j 省的供给接入和市场接入，是本章两个核心解释变量。由上述理论推测可知，应该有 $\beta_s > 0$ 和 $\beta_m > 0$。运输成本对商品交易市场的影响主要通过交通设施的建设情况来刻画，比如各省拥有的高速公路和铁路的长度等。下一节将详细介绍本章的数据来源与变量设定。

5.3 数据来源与变量设定

本章采用的样本是我国 30 个省(自治区、直辖市,未包括西藏和港澳台地区)2004 年的截面数据。所有的数据来源于《中国商品交易市场统计年鉴 2005》《2004 年中国经济普查年鉴》,上述 30 个省(自治区、直辖市)的《2004 年经济普查年鉴》《中国交通统计年鉴 2005》以及《2005 年中国科技统计年鉴》。根据商品的主要用途和性质,《中国商品交易市场统计年鉴 2005》把市场内交易的商品分为 20 个类别,这与国民经济行业分类代码(GB/T 4754-2002)中对于作为商品交易市场产品来源的采矿业(涉及 5 个大类,32 个小类)和制造业(涉及 34 个大类,480 个小类)等两大门类生产企业的分类标准并非完美对应。比如,商品交易市场中的"食品、饮料、烟酒类"就包括了农副食品加工业(13)、食品制造业(14)、饮料制造业(15)和烟草制造业(16)等四个(大类或两位代码)行业。因此这就需要对商品交易市场的商品分类和国民经济相关行业的行业分类(两位代码)重新进行分组和匹配,最终得到 13 组商品交易市场的商品类别,以及 13 组国民经济行业类别(涉及采矿业和制造业两大门类),商品与行业重新分组与匹配的详细情况请参见附表 5.1。[1]

由于《中国商品交易市场统计年鉴 2005》并没有提供商品交易市场的利润数据,因此只能采用 2004 年中国亿元以上商品交易市场按照地区和摊位分类统计的成交额作为其收益水平的代理变量。根据

---

① 重新分组的基本原则是国民经济行业某一组别的生产企业制造的产品可以涵盖商品交易市场相应商品组别所包括的产品小类,同时商品组别之间无交集,行业组别之间也无交集。针对商品交易市场中某科商品组别下的商品小类(比如日用品类)可能涉及若干组国民经济行业组别下的制造业行业小类的情况,故在四位代码行业层面指出了存在商品分类和产业分类的对应出错的情况(参见附表 5.1)。在本章涉及的国民经济 512 个小类(四位代码)行业中对应出错的共 31 个,因此,对应出错的问题并不是很严重。由于其中 21 处对应出错是由于未能把该小类行业生产的产品或其子项产品分入与日用品类所在的商品组别对应的行业组别而造成的;针对这一情况,在第四节的实证分析中也对特别剔出了日用品类所在的商品组别及对应的行业组别后进行回归以便比较。

附表 5.1 显示的商品类别的重新分组规则，分别整理了按地区和摊位分类统计的商品交易市场成交额原始数据，进而得到 2004 年 j 省 i 行业商品交易市场的收益变量 $Msale_{ij}^{04}$，$i = 1, 2, \cdots, I$。

供给接入 sa_{ij}^i 对商品交易市场收益水平变动的影响是通过商品交易市场购买企业生产的差异化商品的成本指数变动发挥作用的。在企业技术相同的假设下，由(5.2)式可知，成本指数由各省企业数和省际运输成本决定。首先，对于各省的企业数指标，理论和经验研究表明，规模较大的企业大多选择建立具有营销规模经济优势的独享式销售网络，而参与商品交易市场交易这种共享式销售网络的通常以中小企业为主（郑勇军，1998）。因此，本章以年销售额在 500 万元以上 3000 万元以下的小型企业和年销售额不足 500 万元的规模以下的微型企业作为商品交易市场差异化商品组合的供给方。其次，对于省际贸易之间的运输成本，借鉴 Harris(1954)，以及 Amiti 和 Javorcik (2008)处理方法，本章采用省际距离或本省自距离的倒数来代表。其中，自距离计算参考 Leamer(1995)的做法，即假定各省都是圆形的，进而利用省份面积 $AREA_j$ 求得半径作为本省自距离；省际距离则用两省省会城市之间的距离来代表[①]。综上所述，度量本省企业为商品交易市场提供差异化商品的潜力的本省供给接入 sai_{ij}^i 可定义为 $sai_{ij}^i = D_{jj}^{-1} \times \gamma_j^i$，其中，$D_{jj} = \sqrt{\dfrac{AREA_j}{\pi}}$ 和 γ_j^i 分别是 j 省的半径和 j 省 i 行业小型企业及规模以下企业的数目。类似的，度量外省企业为目的省的商品交易市场提供差异化商品潜力的外省供给接入 sao_{k}^i 可定义为 $sao_k^i = \sum_{j \neq k}^{J} D_{jk}^{-1} \times \gamma_j^i$，其中，$D_{jk}$ 和 γ_j^i 分别是 j 省与 k 省的省会城市之间的距离和 j 省 i 行业小型及微型企业的数目。因此，回归方程中要估计的总的供给接入效应的形式为：

$$\ln sa_j^i = \ln(sai_j^i + \beta_{sao} \times sao_j^i).$$

由于本省供给接入和外省供给接入已根据 Harris(1954)的逆距

---

① 省会城市之间的距离来源于《中国交通公路行车及里程图集》，人民交通出版社 2007 年版。

离规则调整，两者可以直接比较，因此外省供给接入 sao_j^i 的参数 β_{sao} 可以作为地方保护与市场分割是否存在及其程度的间接度量。如果 $\beta_{sao} < 1$，意味着外省供给接入不及本省供给接入那么重要，进而说明省际的商品自由流通某种程度上受到了地方保护的限制。

类似的，市场接入 ma_j^i 包括本省市场接入 mai_j^i 和外省市场接入 mao_j^i 两部分。本意借鉴 Anderson 和 van Wincoop（2003）的做法，用地区生产总值作为市场需求潜在规模的代理变量。同时，假定各省消费者对各产业一揽子产品组合的偏好是相似的；而企业是根据消费者的偏好来组织生产的。与供给接入一样，本省和外省的市场接入也要根据逆距离规则加权。因此，j 省的本省市场接入 mai_j^i 可定义为 $mai_j^i = D_{ij}^{-1} \times \text{GDP}_j \times \mu^i$，其中，$\text{GDP}_j$ 是 j 省地区生产总值；$\mu^i = \dfrac{p^i}{p}$ 表示全国消费者对 i 行业产品的支出份额，p^i 和 p 分别为 2004 年 i 行业工业生产总值和全行业工业生产总值。j 省的外省市场接入 mao_j^i 可以定义为 $mao_j^i = \displaystyle\sum_{k \neq j}^{J} D_{kj}^{-1} \times \text{GDP}_k \times \mu^i$，$\text{GDP}_k$ 和 μ^i 分别是 k 省的地区生产总值和该国消费者对 i 行业产品的支出份额。因此，回归方程中要估计的总的市场接入效应的形式为：

$$\ln ma_j^i = \ln(mai_j^i + \beta_{mao} mao_j^i)$$

在省份特征方面，本章引入了各个省的公路里程 $rdkm$，高速公路里程 $ewkm$ 和铁路里程 $rlkm$ 等交通设施的建设水平作为控制变量。[①] 在行业特征方面，本章引入了度量商品交易市场作为 i 行业商品流通渠道的重要性指标 eta_j^i，令 $eta_j^i = Msale_{ij}^{03} / p_{ij}^{03}$，其中 $Msale_{ij}^{03}$ 和 p_{ij}^{03} 分别是滞后一期（即 2003 年）的 j 省亿元以上商品交易市场 i 行业产品成交额和 j 省 i 行业的工业总产值。表 5.1 归纳了上述各个变量的统计概要。

———————

① 由于商品交易市场以国内贸易为主，考虑到水运在国内贸易中所占的货运量比重较小（内河加沿海货运量共占总货运量的 8.8%），因此这里没有控制水运基础设施建设水平，如内河码头。

表 5.1 主要变量统计概要

变量	观察值个数	均值	标准差	最小值	最大值
$Msale_{ij}^{04}$	360	67.1954	175.8571	0	1460.88
$sa_j^i = sai_j^i + sao_j^i$	360	116.7637	132.1818	3.620334	1109.905
sai_j^i	360	21.48749	47.63008	0	487.7282
sao_j^i	360	95.27622	97.37794	3.537914	723.7504
$ma_j^i = mai_j^i + mao_j^i$	360	12.01474	15.68569	0.300301	111.4049
mai_j^i	360	2.193888	4.399934	0.006555	51.54103
mao_j^i	360	9.820857	12.32486	0.2799726	78.75177
eta_j^i	360	0.609649	3.385015	0	59.53333
$rdkm_j^i$	360	60.9485	34.003	7.805	167.05
$ewkm_j^i$	360	1.142867	0.682968	0.171	3.033
$rlkm_j^i$	360	2.480257	1.463149	0.2635	6.3373

综上所述，将供给接入、市场接入等代理变量代入本章第二节的实证模型，那么(5.10)式就可以改写成以下形式：

$$\ln Msale_{ij}^{04} = \beta_0 + \beta_1 \ln(sai_j^i + \beta_2 sao_j^i) + \beta_3 \ln(mai_j^i + \beta_4 mao_j^i)$$
$$+ \beta_5 \ln eta_j^i + \beta_6 road_j + \beta_7 rlkm_j^i + e_j^i \qquad (5.11)$$

其中，$road_j$ 在 $rdkm_j$ 与 $ewkm_j$ 之间取其一。下文将采用非线性最小二乘法(NLS)估计(5.11)式的参数并处理对截面数据普遍存在的异方差问题。在极端情况下，如果国内贸易完全不存在市场分割，那么(5.11)式可简化为下式并用普通最小二乘法(OLS)进行估计：

$$\ln Msale_{ij}^{04} = \beta_0 + \beta_1 \ln(sai_j^i + sao_j^i) + \beta_3 \ln(mai_j^i + mao_j^i)$$
$$+ \beta_5 \ln eta_j^i + \beta_6 rdkm_j + \beta_7 ewkm + \beta_8 rlkm_j + e_j^i$$

$$(5.12)$$

5.4 实证检验及分析

上文给出了有待检验的理论模型并构造了代理变量，在本节实证部分，将逐层考察供给接入效应和市场接入效应对商品交易市场绩效的影响。

表 5.2 显示了分别用非线性最小二乘法（NLS）和普通最小二乘法估计(5.11)式和(5.12)式的结果（得到回归 1～6）；由于日用品类所在的第 11 类商品组合和行业组别对应出现部分商品与行业分类不匹配的情况较多（参见附表 5.1），因此，回归 7 和回归 8 是剔除该商品组合及对应行业的结果。在用普通最小二乘法估计的回归 1～3 中，市场接入 $\ln(ma_j^i)$ 的参数值显著为正，这与理论预测一致，但供给接入 $\ln(sa_j^i)$ 的方向与理论预测不一致且并不显著。用非线性普通最小二乘法估计的回归 4～6 中，两个核心解释变量市场接入 $\ln(ma_j^i)$ 与供给接入 $\ln(sa_j^i)$ 的参数值均显著为正，这与理论预测完全一致。同时，观察删去了日用品类所在的商品组合及其对应行业后的回归结果（表 5.3 中的回归 7 和 8）可以发现情况完全类似。据此认为，非线性最小二乘法估计(5.11)式与普通最小二乘法估计(5.12)式的结果存在差别的原因，就在于我国国内贸易并不满足不存在市场分割的假设，也就是说，用普通最小二乘法估计(5.12)式的前提条件并不成立。为进一步讨论这一问题，需要分析回归 4～6 所估计的本省与外省的两种市场规模效应的影响与差别。

表 5.2　市场接入、供给接入与商品交易市场的绩效（基本模型）

变量	被解释变量：$\ln Msale04$					
	1	2	3	4	5	6
$\ln(sa_j^i)$	0.0387337	−0.1161915	−0.0093165	0.243036	0.2074562	0.2376174
	(0.27)	(−0.86)	(−0.06)	(2.92)***	(2.41)**	(2.72)***
sao_j^i				−0.0014794	−0.0015187	−0.0014919
				(−0.37)	(−0.33)	(−0.37)
$\ln(ma_j^i)$	1.287726	1.284957	1.306557	0.997648	0.9857941	1.000158
	(10.10)***	(10.76)***	(9.93)***	(12.26)***	(12.23)***	(11.97)***
mao_j^i				0.0376975	0.0478327	0.0391034
				(1.53)	(1.57)	(1.47)
$\ln(eta_j^i)$	0.6481946	0.6496031	0.657638	0.657217	0.6520061	0.6587012
	(13.25)***	(13.51)***	(12.77)***	(14.28)***	(14.28)***	(13.58)***
$rdkm$	0.009577		0.0095375	0.0055504		0.0055804
	(3.26)***		(3.10)***	(2.35)**		(2.22)**

续表

被解释变量:$\ln Msale04$						
变量	1	2	3	4	5	6
ewkm		0.9906322			0.3308088	
		(9.64)***			(3.19)***	
rlkm	0.1247061	0.1160035	0.1295157	0.2191367	0.2369868	0.2235914
	(1.83)*	(1.96)*	(1.79)*	(3.56)***	(4.06)***	(3.37)***
_cons	0.2819884	0.4215503	0.4723011	2.420899	2.325597	2.424604
	(0.51)	(0.83)	(0.85)	(6.61)	(6.30)	(6.34)
模型	OLS	OLS	OLS	NLS	NLS	NLS
样本数	335	335	305	335	335	305
R^2	0.6626	0.7127	0.6672	0.7635	0.7463	0.7604
H0:所有供给接入和市场接入项不显著						
Wald 统计量	157.94	159.31	148.38	147.24	113.75	130.94
p 值	0.0000	0.0000	0.0000	0.0000	0.0000	0.0000

注:(1)数据处理和模型估计由 Stata9.0 软件计算;(2)括号中为该系数异方差稳健的 t 值;(3)*、**、*** 分别表示显著性水平为 10%、5% 和 1%;(4)回归 3 和 6 删去了第 11 组商品组合及对应行业。

由回归 4~6 以及回归 8 可以发现,供给接入 $\ln(sa_j^i)$ 和市场接入 $\ln(ma_j^i)$ 的参数都显著为正,且前者为 0.2 左右,后者为 1 左右。这就是说,当供给接入增加 1 个百分点时商品交易市场的成交额将增加 0.2 个百分点;当市场接入增加 1 个百分点时,商品交易市场的成交额将增加 1 个百分点左右。外省的供给接入和市场接入单个变量虽然不显著,但是 Wald 检验表明,所有的供给接入和市场接入变量在 p 值为 0.0000 水平上联合显著。有意思的是外省的供给接入是负的(-0.002 左右),而外省的市场接入是正的(0.04 左右),两者都远远小于 1。这表明,对于商品交易市场而言,外省的供给接入和市场接入远没有本省的供给接入和市场接入重要。这就意味着,由于省际贸易壁垒的存在,阻碍了一省的商品交易市场将商品组合销售给外省消费者,以致外省的市场接入潜力只有很小一部分得到实现。同时,省际贸易壁垒也阻碍了外省生产企业制造的差异化产品有效地进入该省的商

品交易市场,以致当外省的接入效应增大时,本省商品交易市场成交
额甚至轻微下降。这是因为,外省商品交易市场销售的差异化产品组
合可获得性的改善将会吸引本省的消费者用外省商品交易市场替代
本省商品交易市场的缘故。回归 8 还表明,删除了日用品类所在的商
品组合及其对应行业后得到的回归结果是相似的。

回归 4～6 以及回归 8 反映的省际商品流通壁垒问题,可以通过
引入 Poncet(2005)估计的省际边界壁垒值(border barrier measure)予
以检验。Poncet(2005)估计了中国大陆 26 个省(直辖市,自治区)1992
年和 1997 年的边界壁垒值,[①]除山东和贵州缺少 1997 年的估计值外,
其他省份均用 Poncet 边界壁垒值 PBBM$_j$ 的某种变化替换(5.11)式
的 β_4。具体做法为,以 Poncet 边界壁垒值的绝对值 $|PBBM_j|$ 作为度
量各省地方保护的指标。对于供给接入而言,潜在的外省供给接入
sao_j^i 除以目的省 j 的地方保护指标后可以得到有效的外省供给接入
$sao_{j,P}^i$,这使地方保护越高的省份的商品交易市场实际可以获得的外
省供给接入水平相对越低。对于市场接入而言,潜在的外省市场接入
mao_j^i 除以该省地方保护指标后得到目的省 j 的有效的外省市场接入
$mao_{j,P}^i$,这意味着外省的地方保护程度越高,目的省的商品交易市场
可获得的有效的外部市场需求就越低。

简言之,用普通最小二乘法估计(5.13)式以检验回归 4～6 以及
回归 8 反映的省际商品流通的贸易壁垒问题:

$$\ln sale_{ij}^{04} = \beta_c + \beta_1 \ln(sai_j^i + sao_{j,P}^i) + \beta_3 \ln(mai_j^i + mao_{j,P}^i)$$
$$+ \beta_5 \ln eta_j^i + \sum_k \beta_k c\, trl_{jk}^i + \mu_{ij} \qquad (5.13)$$

其中,

$$sao_{j,P}^i = sao_j^i \times |PBBM_j|^{-1}, \quad mao_{k,P}^i = \sum_{j \neq k}^J D_{jk}^{-1} \times GDP_j \times |PBBM_j|^{-1} \times \mu_i$$

用普通最小二乘法估计(5.13)式的结果归纳为表 5.3 的回归9～12。
显然,引入了 Poncet 边界壁垒值的普通最小二乘法估计(5.13)式所得到

---

① Poncet(2005)没有估计的中国大陆其他五个省(直辖市、自治区)分别为黑龙江、安徽、
海南、重庆和西藏;Poncet 估计的边界壁垒值(负值)越大,意味着该省的贸易壁垒越低。

的回归结果明显不同于直接用普通最小二乘法估计(5.12)式的回归结果。由表 5.3 的回归 9~12 可以发现,本章最关注两个核心解释变量——市场接入 $\ln(ma_j^i)$ 和供给接入 $\ln(sa_j^i)$ 参数估计值的方向与理论模型的预测完全一致;市场接入 $\ln(ma_j^i)$ 的参数估计值均显著为正;供给接入 $\ln(sa_j^i)$ 的参数估计值在回归 9 和回归 11 中显著为正,在回归 10 和回归 12 中虽然不显著,但参数估计值的方向与理论模型的预测一致,并且 t 检验值也明显大于表 5.2 中回归 1 的结果。此外,Wald 检验表明所有的市场接入和供给接入变量联合显著,同时,其他解释变量参数估计值的方向和显著性与非线性普通最小二乘法的回归结果相比没有发生变化。

在行业特征方面,由表 5.2 的回归 4~6 以及表 5.3 的回归 8 中 eta_j^i 的参数估计值可知,如果 eta_j^i 增加 1 个百分点,那么该行业商品交易市场的成交额将增加 0.6 个百分点左右。这意味着,当商品交易市场过去已经成为某一行业产品的流通渠道之一时,那么商品交易市场作为其流通渠道的重要性程度越高,则该行业的商品交易市场的成交额越高。

在省份特征方面,表 5.2 的回归 4~6 和表 5.3 的回归 8 的结果表明,某一省交通设施的发达程度同样与该省的商品交易市场的成交额具有显著正向关系。这是因为,铁路 $rlkm$ 和公路 $rdkm$ 或高速公路 $ewkm$ 分别代表了当前我国长途和短途货运最重要的两种运输方式,交通设施的发展可以有效地降低运输成本,进而推动该地商品交易市场的发展。

表 5.3　市场接入、供给接入与商品交易市场的绩效(基本模型续)

| 被解释变量:$lnsale04$ | | With Poncet's border barrier measure | | | |
变量	7	8	9	10	11	12
$\ln(sa_j^i)$	-0.1504919	0.2062897	0.3600075	0.1652432	0.3156231	0.1297672
	(-1.07)	$(2.28)^{**}$	$(2.82)^{***}$	(1.31)	$(2.37)^{**}$	(0.98)
sao_j^i		-0.0015252				
		(-0.32)				
$\ln(ma_j^i)$	1.303959	0.9882608	1.088429	1.116023	1.108044	1.137477
	$(10.53)^{***}$	$(11.94)^{***}$	$(9.08)^{***}$	$(9.76)^{***}$	$(8.94)^{***}$	$(9.57)^{***}$
mao_j^i		0.0495026				
		(1.49)				

续表

被解释变量：lnsale04			With Poncet's border barrier measure			
变量	7	8	9	10	11	12
$\ln(eta_j^i)$	0.6545787	0.6530308	0.612872	0.6130186	0.6198035	0.6165443
	(13.00)***	(13.60)***	(11.64)***	(11.66)***	(11.17)***	(11.20)***
rdkm			0.0087935		0.0086963	
			(3.14)***		(2.95)***	
ewkm	0.971955	0.3156846		0.7745477		0.7623087
	(8.82)***	(2.83)***		(7.22)***		(6.61)***
rlkm	0.1243022	0.2437263	0.1672449	0.1564308	0.1724776	0.1647925
	(1.97)**	(3.88)***	(2.07)**	(2.16)**	(2.00)**	(2.13)**
_cons	0.5454843	2.332305	0.3632547	0.6511272	0.5117273	0.7517119
	(1.05)	(6.02)	(0.81)	(1.50)	(1.09)	(1.66)
模型	OLS	NLS	OLS	OLS	OLS	OLS
样本数	305	305	294	294	268	268
R^2	0.7130	0.7607	0.7040	0.7306	0.7043	0.7289
H0：所有供给接入和市场接入项不显著						
Wald 统计量	152.75	103.37	193.2	174.96	178.18	165.56
p 值	0.0000	0.0000	0.0000	0.0000	0.0000	0.0000

注：(1)数据处理和模型估计由 Stata9.0 软件计算；(2)括号中为该系数异方差稳健的 t 值；(3)*、**、*** 分别表示显著性水平为 10%、5%和 1%；(4)回归 7、8、11 和 12 删去了第 11 组商品组合及对应行业。

根据产品生产过程中投入要素的类型，可以把商品交易市场的产品及其对应行业合并为三组，即资源密集型产品(I)、劳动密集型产品(II)以及资本密集型(III)产品，这有助于进一步了解产品特征与商品交易市场的发展关系。表 5.4 回归 13～18 汇报了分组后三种类型产品的回归结果。有几点尤其值得关注：其一，对于资本密集型产品(III)组别而言，无论是总的市场接入效应 $\ln(ma_j^i)$ 还是外省的市场接入 mao_j^i，其参数估计值都明显小于资源密集型产品(I)和劳动密集型组别产品(II)。这是因为，专卖店、百货公司或者大型的家电零售连锁企业等零售业态往往会采用诸如品牌和售后服务等手段来吸引和维系顾客，从而使其区别于以价格低廉、花色繁多为主要竞争优势的商品交易市场。当消费者需要购买诸如家用电器、通信设备、机电仪器、计算机等价值较高的产品时，可能更倾向于去专卖店、百货公司或者大型的家电零售连锁企业那里购买。由此，这类产品的潜在需求对商品交易市场成交额的影响程度要小于其他两类产品。其二，对于劳动密集型产品（Ⅱ）而言，外省供给接入 sao_j^i 的参数估计值明显小于其他两个类产品，说明各省对劳动密集型产品（Ⅱ）区域间贸易的地方保护程度是最高的，劳动密集型行业对于解决当地就业的作用可能是这个现象的成因之一。其三，资源密集型产品（Ⅰ）的供给接入 $ln(sa_j^i)$ 对商品交易市场成交额的影响最小；同时，公路 $rdkm$ 或高速公路 $ewkm$ 里程变化对资源密集型产品（Ⅰ）的商品交易市场成交额的影响也比较小。这可能是因为，资源密集型产品（Ⅰ）（比如木材、煤、金属和非金属矿产品等）的很多下游企业往往配套定位在上游企业的附近，于是这些企业之间就很少需要借助商品交易市场来完成销售或采购。因此，这类产品供给接入的变动对商品交易市场成交额的影响较小，而公路 $rdkm$ 或高速公路 $ewkm$ 等相对于铁路 $rlkm$ 而言的短程运输工具对商品交易市场成交额的影响也较小。

表 5.4　市场接入、供给接入与商品交易市场的绩效（资源密集、劳动密集与资本密集）

	被解释变量：$lnsale04$					
分行业	I	I	II	II	III	III
变量	13	14	15	16	17	18
$ln(sa_j^i)$	0.2254532	0.2261037	0.4291609	0.3144769	0.5401571	0.4177179
	(1.79)*	(1.75)*	(2.50)**	(1.79)*	(2.28)**	(1.87)*
sao_j^i	−0.0018719	−0.0018719	−0.0002556	−0.0009033	−0.0027636	−0.0030846
	(−0.19)	(−0.18)	(−0.05)	(−0.15)	(−2.57)**	(−2.34)**
$ln(ma_j^i)$	1.276934	1.274927	1.008865	1.046738	0.2697494	0.3282244
	(9.04)***	(9.08)***	(7.04)***	(7.38)***	(1.04)	(1.32)
mao_j^i	0.0909528	0.0884603	0.0811092	0.0720258	0.0030735	0.0059539
	(1.17)	(1.10)	(1.07)	(1.06)	(0.07)	(0.16)
$ln(eta_j^i)$	0.475873	0.4746544	0.8375352	0.822508	0.8560123	0.8755272
	(4.52)***	(4.68)***	(13.90)***	(13.93)***	(14.02)***	(14.79)***
$rdkm$	0.0004494		0.0069167		0.0075473	
	(0.10)		(1.83)*		(1.88)*	

被解释变量：lnsale04						
分行业	I	I	II	II	III	III
变量	13	14	15	16	17	18
ewkm		−0.0111974		0.3296469		0.4854533
		(−0.04)		(2.50)**		(3.11)***
rlkm	0.190242	0.1947014	0.164854	0.189746	0.194548	0.2041414
	(1.49)	(1.60)	(2.41)**	(3.12)***	(1.71)*	(1.75)*
_cons	2.256014	2.296995	2.109865	2.330256	2.949291	3.108456
	(3.56)	(3.47)	(2.97)	(3.25)	(3.99)	(4.67)
模型	NLS	NLS	NLS	NLS	NLS	NLS
样本数	99	99	148	148	88	88
R^2	0.6520	0.6768	0.8355	0.8339	0.8912	0.8956
H0：所有供给接入和市场接入项不显著						
Wald 统计量	29.18	26.44	69.19	56.02	102.45	53.50
p 值	0.0000	0.0000	0.0000	0.0000	0.0000	0.0000

注：(1)数据处理和模型估计由 Stata9.0 软件计算；(2)括号中为该系数异方差稳健的 t 值；(3)*、**、***分别表示显著性水平为 10%、5%和 1%；(4)I、II 和 III 分别代表资源密集型、劳动密集型和资本密集型商品组别和相应的行业组别，详细重组情况参见附表 5.2。

很多研究者认为，商品交易市场的发展可以带动当地工业发展，而工业发展又可以反哺当地的商品交易市场，因此商品交易市场与企业之间的互动可以概括为"企业催育市场，市场推进企业"（汪少华，1997）。现实中也可看到，以小商品城享誉全国的浙江省义乌市的地方政府就把"以商促工、贸工联动"作为本地的发展战略。如果本地的商品交易市场与作为其本地供给接入的小型和微型企业存在这样的互动，那么两者的正向相关关系有可能是源于当地商品交易市场的发达吸引了更多的投资者来该地开办小型和微型企业。为此，拟采用工具变量法处理可能存在的本地生产企业与本地商品交易市场之间的内生性问题。鉴于外省的供给接入和市场接入在上文回归中参数估计值远小于本省的供给接入和市场接入并且多不显著，在这里忽略外省的市场规模效应影响。由于小型和微型企业多围绕本地的大中型企业提供配套,同时行业工资水平也是影响资本较为弱小的小型和微型企业定位的重要因素,因此这里以各省的大中型企业数目 $\ln bfirm$、行业工资水平 $\ln wage$ 以及其他所有变量作为小型和微型企业数目或本省市场接入效应的工具变量。表 5.5 回归 19～21 是普通最小二乘法估计的结果;回归 22～24 是工具变量法估计得结果,表5.5 也报告了工具变量法第一步的回归结果。由表 5.5 的回归结果发现,工具变量分析的结果并未得到 Hausman 检验的支持,证明普通最小二乘法估计的结果是成立的。本地的生产企业与本地的商品交易市场之间的内生性问题并不严重的原因,可能是借助商品交易市场这个共享式交易平台成长起来的小型和微型企业在规模发展到一定水平时,逐渐开始用自建的独享式销售渠道替代共享式的商品交易市场,因为后者更有利于企业建立自有品牌以及保护专利。从而,商品交易市场的发展过程实际上表现为新的小型和微型企业的不断进入以及长大的企业的逐渐离开。

表 5.5　市场接入、供给接入与商品交易市场的绩效(内生性问题)

变量	被解释变量:lnMsale04;被工具变量:ln(sai);工具变量:lnb$firm$, lnwage					
	19	20	21	22	23	24
$\ln(sai)$	0.181672	0.1491013	0.1731506	0.2849251	0.2383799	0.2674298
	(2.49)***	(1.94)*	(2.26)**	(2.54)**	(1.89)*	(2.12)**
$\ln(mai)$	0.9500556	0.9419816	0.9563111	0.8557835	0.8666678	0.8721723
	(12.29)***	(12.29)***	(12.01)***	(7.77)***	(7.48)***	(7.13)***
$\ln(eta_j^i)$	0.6546067	0.651195	0.6554263	0.6547913	0.6515665	0.6559194
	(14.39)***	(14.44)***	(13.74)***	(14.46)***	(14.51)***	(19.44)***
rdkm	0.003801		0.0037956	0.0038591		0.0038221
	(1.65)*		(1.55)	(1.69)*		(1.54)
ewkm		0.2119663			0.1790624	
		(2.15)**			(1.69)*	
rlkm	0.2155763	0.228302	0.2210085	0.2198121	0.2361339	0.22435
	(3.58)***	(4.01)***	(3.42)***	(3.64)***	(4.08)***	(3.82)***

续表

被解释变量:lnMscle04;被工具变量:ln(sai);工具变量:lnbfirm,lnwage					
变量	19	20	21	22	23	24
_cons	2.930671	2.937025	2.947784	2.704765	2.774738	2.748672
	(11.35)	(11.65)	(10.82)	(9.07)	(9.17)	(8.24)
模型	OLS	OLS	OLS	IV	IV	IV
样本数	335	335	305	335	335	305
R^2	0.7572	0.7574	0.7539	0.7557	0.7564	0.7527
F 统计量	205.16	205.48	183.19	203.80	204.44	182.21
p 值	0.0000	0.0000	0.0000	0.0000	0.0000	0.0000
χ^2				1.18	0.66	0.51
p 值				0.9472	0.9851	0.9698
第Ⅰ阶段工具变量系数						
lnbfirm				0.4689374	0.4681594	0.4347397
				(7.85)***	(5.64)***	(7.01)***
lnwage				−4.228658	−4.248935	−4.450735
				(−10.31)***	(−10.21)***	(−10.63)***
ln(mai)				0.7670646	0.7860879	0.7754886
				(20.87)***	(21.35)***	(−2.75)***
$ln(eta_j^i)$				−1.1011485	−0.0984427	
				(−4.87)***	(−4.68)***	
rdkm				−0.0047592		−0.0042458
				(−3.24)***		(−2.75)***
ewkm					−0.1118315	
					(−1.08)***	
rlkm				−0.0539264	−0.0887587	−0.0462681
				(−1.65)*	(−2.86)***	(−1.35)
F 统计量				222.14	214.49	201.13
p 值				0.0000	0.0000	0.0000

注:(1)数据处理和模型估计由 Stata9.0 软件计算;(2)括号中为该系数异方差稳健的 t 值;(3)*、**、*** 分别表示显著性水平为 10%、5% 和 1%;(4)Hausman 检验的零假设是 IV 与 OLS 估计的系数无系统性差异;(5)回归 21 和回归 24 删去了第 11 组商品组合及对应行业。

5.5 小 结

改革开放以来,商品交易市场在中国获得了高速发展,成为小型和微型企业实现国内商品流通的重要渠道。本章将新经济地理学的市场接入和供给接入因素引入对中国商品交易市场的研究,探讨了市场规模、贸易成本等因素对中国省际商品交易市场发展的相对重要性。本章的主要研究结论和发现包括:

(1)就中国各省商品交易市场的发展而言,在剔除了省份和行业差异之后,外省的供给接入和市场接入远没有本省的供给接入和市场接入重要。这在一定程度上表明中国地方保护带来省际贸易壁垒的确对商品交易市场向省外销售商品和组织货源,从而其辐射半径偏小。进一步的,将 Poncet(2005)估计的中国大陆 26 个省(自治区、直辖市)1997 年的边界壁垒值作为度量各省地方保护的指标对回归模型进行重新估计,这一结论仍能得到支持。

(2)与新经济地理学的许多实证研究类似,铁路、公路以及高速公路等交通基础设施的日益完善通过降低运输成本对商品交易市场的发展起到了重要的促进作用。

(3)要素密集程度不同的产品生产企业往往会选择不同的商品流通渠道。研究发现,资本密集型产品,无论是总的市场接入效应还是外省的市场接入对商品交易市场发展的促进作用都明显小于资源密集型产品和劳动密集型组别产品。这表明,消费者可能更倾向于在百货公司、专卖店、跨区域连锁集团的销售网点购买资本密集度较高的商品;劳动和资源密集型产品则更倾向于在商品交易市场购买。

(4)考虑到商品交易市场与本地的小型和微型企业发展之间可能存在的内生性问题会导致估计偏误,利用各省的大中型企业数和行业工资水平作为供给接入的工具变量,回归发现工具变量分析的结果并未得到 Hausman 检验的支持,证明原有结果成立。这可能说明,商品交易市场的发展过程实际上表现为新的小型和微型企业的不断进入以及长大的企业的逐渐离开。

附表 5.1　商品交易市场商品分类与国民经济行业对照分组

组号	商品名称（按摊位统计）	代码	国民经济行业名称（两位代码）	代码	发生对应出售的行业名称（四位代码）或所涉产品说明	应归入组号
1	食品饮料烟酒类	13	农副食品加工业			
		14	食品制造业			
		15	饮料制造业			
		16	烟草制造业			
2	服装鞋帽针纺织品类	17	纺织业			
		18	纺织服装鞋帽制造业			
		19	皮革毛皮羽毛（绒）及其制品业	1923	皮箱、包（袋）制造；还包括其他日用皮革 人造革制品	（11）
		28	化学纤维制造业			
3	木材及制品类	20	木材加工及木竹藤棕制品业	2040	竹藤棕草制品制造业中的日用竹藤棕草制品	（11）
4	家具类	21	家具制造业			
5	书报杂志类	22	造纸及纸制品业	2239	其他纸制品制造中的纸类卫生用品和纸模餐具	（11）
	电子出版物及音像制品类	23	印刷业和记录媒介的复制	2312	本册	（6）
				2319	纸牌印刷	（6）
6	体育娱乐用品类	24	文教体育用品制造业			
	家用电器和音像器材类	35	通用设备制造业			
	文化办公用品类	36	专业设备制造业	3653	缝纫机械制造	（11）

续表

组号	商品名称(按摊位统计)	代码	国民经济行业名称(两位代码)	代码	发生对应出售的行业名称(四位代码)或所涉产品说明	应归入组号
	通信器材类	37	交通运输设备制造业	3741	脚踏自行车及残疾人座车制造	(11)
	电机产品及设备类			3742	助动自行车制造	(11)
		39	电器机械及器材制造业	3961	燃气、太阳能及类似能源的器具制造	(11)
				3969	其他非电力家用器具制造	(11)
				3971	电光源制造	(11)
6				3972	照明灯具制造	(11)
				3973	灯用电器附件及其他照明器具制造	(11)
		40	通信设备计算机及其他电子设备制造业			
		41	仪器仪表及文化办公机械制造业	4142	眼镜制造	(11)
				4130	钟表与计时仪器制造中的钟表	(11)
	化妆品	26	化学原料及化学制品制造业	2665	信息化学品制造中的空白录音带、录像带、光盘和胶卷、摄影专用化学制剂制造	(6)
7	化工材料及制品类			2664	炸药及火工产品制造中的烟花爆竹	(11)
				2679	其他日用化学产品制造	(11)
		30	塑料制品业	3081	塑料鞋制造	(2)
				3082	日用塑料杂品制造	(11)、(9)

续表

组号	商品名称（按摊位统计）	代码	国民经济行业名称（两位代码）	代码	发生对应出错的行业名称（四位代码）或所涉产品说明	应归入组号
		20	橡胶制品业	2950	日用及医用橡胶制品中的日用橡胶制品制造	(11)
				2960	橡胶靴鞋制造	(2)
8	中西药品类	27	医药制造业			
9	建筑及装潢材料类	10	非金属矿采选业	1020	化学矿采选	(7)
		31	非金属矿物制品业	3143	光学玻璃制造中的眼镜毛胚	(11)
				3145	日用玻璃制品	(11)
				3146	玻璃保温容器	(11)
				3153	日用陶瓷制品	(11)
10	金属材料类	08	黑色金属矿采选业			
		09	有色金属矿采选业			
		32	黑色金属冶炼及压延加工业			
		33	有色金属冶炼及压延加工业			
11	日用品类	34	金属制品类	3471	工业生产配套用搪瓷制品制造	(9)
				3452	建筑装饰及水暖管道零件制造；以及工业建筑通用金属器皿	(9)
	五金电料类 不应包括洗涤用品类(7)和儿童玩具(6)	42	工艺品及其他制造业	4219	其他工艺美术品制造中的戏服道具	(6)
				4230	煤制品制造	(12)

续表

组号	商品名称(按摊位统计)	代码	国民经济行业名称(两位代码)	代码	发生对应出错的行业名称(四位代码)或所涉产品说明	应归入组号
12	煤炭及制品类	06	煤炭开采和洗选业			
13	石油及制品类	07	石油和天然气开采业			
		25	石油加工,炼焦及核燃料工业			
未包括类	其他类	11	其他采矿业			
		43	废弃资源和废旧材料回收加工工业			

附表 5.2 资源密集型、劳动密集型和资本密集型产品组合的划分

资源密集型(I)	共包括四组商品类别	3 木材及制品类	9 建筑材料类	12 煤及煤制品类	10 黑色及有色金属制品类	
劳动密集型(II)	共包括五组商品类别	1 食品饮料烟酒类	2 服装纺织鞋帽类	4 家具类	5 纸制品及出版印刷类	
资本密集型(III)	共包括三组商品类别	6 通信设备、机电仪器及办公用品类	7 化工类	8 医药类	11 日用品及五金电料类	

6 义乌小商品市场兴起的案例研究

6.1 引　言

　　一个地区历史上经济活动的繁荣,往往会通过商业知识、工艺技能、管理制度的代际传承对该地区后世人们经济行为的行动集产生影响。换言之,如果外部条件不发生剧烈变化,一个历史上商业繁荣的地区往往比另一个历史上商业不发达地区更有可能成为现代的商业中心。但是,在经历了重大制度变迁的中国,这一逻辑在解释某些地区的经济发展差异时遇到了"挑战"。不难发现,明清时期兴起的地域商帮之著名者有徽商、晋商等,他们在流通领域活跃了 400 余年,对 16 世纪以后中国的近世社会产生了巨大影响。其中,发端于北方的晋商和来自南方的徽商以资本雄厚、贸易全国最为著名,所谓"富室之称雄者,江以南则推新安(徽州),江以北则推山右(山西)"。① 但是,晋商与徽商的历史繁荣对改革开放初期山西和安徽等地经济发展的影响几乎荡然无存。相反,浙江近代的许多松散小商贩团体和手工业群本的活动,如义乌"敲糖帮"、温州"弹棉郎"、永康"打铁匠"等,虽然他们的活动并未引起研究者的足够重视,但这些近代小商贩团体和手工业群体却对改革开放初期当地的经济发展起到了重要的推动作用。

---

① （明)谢肇淛:《五杂俎・地部》卷四。

关于历史上小商贩群体活动对改革开放初期当地经济发展影响的研究文献，陆立军、白小虎（2000）以义乌为例探讨了商业传统与改革开放初期专业市场群及产业集群发展之间的关系。陆立军、白小虎、王祖强（2003）进一步从义乌"鸡毛换糖"历史溯源出发，系统考察了"义乌模式"的发展动力与具体过程，并在国内掀起了一轮关注与研究义乌发展经验的高潮。王一胜（2012）调查了义乌地区60个行政村，通过对口述资料和相关材料的整理与分析，厘清了义乌传统敲糖帮的发展轨迹及其历史文化蕴涵，同时也论述了敲糖帮转型成为小商品市场的原因。陈立旭（2000）则从文化因素角度探讨了浙江的历史文化传统对浙江经济制度变迁过程所起的作用。然而，已有研究对于"历史传统"对现代市场经济发展产生作用的具体机制的刻画与分析尚不够充分，或者说，两者的关系仍然是"模糊"的。具体就义乌案例而言，已有研究并没有很好地回答以下三个问题：其一，新中国成立后，中国农村的集体化和公社化进程使中国逐渐确立了几十项分割城乡联系、固化城乡差别的制度，限制了城乡之间的人员与商品流通。那么，义乌当地政府为什么会对"鸡毛换糖"的货郎担传统采取"纵容"态度，并为农民异地敲糖签发"敲糖证明"或"敲糖许可证"呢？其二，新中国成立后实行了高度集中的计划经济，主要商品流通纳入计划管理，国合商业成为商品流通的主渠道。那么，当时在义乌一统天下的正规流通渠道——国合商业，为什么会容忍"鸡毛换糖"的货郎担传统继续存在呢？其三，基层政府和部门、正规流通渠道和外出敲糖农民三方的收益和风险如何分配？

为了回答上述问题，本章试图从对地方政府、集体组织与个人活动三者的考察，来探讨历史上的商人或手工业者群体的活动对改革开放初期当地经济发展的影响。虽然，本章并没有提供任何新的史料，只是从一个逻辑一致的视角出发对原有史料进行重新整理与分析；但本章在一个统一的理论框架内，以义乌为例将制度变迁过程中商业传统是如何对地区经济发展产生作用的机制与过程清晰地呈现出来，试图在理解"历史传统"对现代市场经济发展的作用方面架起一座"桥梁"。基于 Milgrom 和 Roberts（1990），Holmstrom 和 Milgrom（1994）的理论,本章强调在制度变迁导致外部条件发生剧烈变化时,传统商人或手工业者群体能否与其利益相关者建立一种利益相容机制,使其营利活动能够存续并发展可以解释中国历史上活跃的商帮能否对改革开放初期的地区经济发展产生积极的经济影响。基于此,本章试图通过义乌案例的考察来理解历史上曾经繁荣的经济活动及有效率的经济组织是如何在计划经济时期通过建立一个地方政府、集体组织与个人活动三者之间的利益相容机制得以存续,并在市场经济条件下为当地经济发展产生作用的过程。

6.2　清季至1949年前的义乌"鸡毛换糖"[①]

义乌素有"鸡毛换糖"的货郎担传统,据胡琦的《义乌的"敲糖帮"》一文记载,清乾隆年间,义乌敲糖生意最为兴盛,全县约有"糖担"万副。到清末民初之际亦有七八千副,之后有所增减,但也不少于五千副。直到解放前几年,义乌还保留着六七千副"担头",其中"东帮"约占十分之五六,"北帮"约占十分之三四,西、南两乡约占十分之一二。[②]义乌人外出敲糖,既可"以钱买糖",也可"以物调糖","物"则以废铜废铁,鸡、鸭、鹅毛等为主;[③]统称"敲糖"生意。太平天国以后,"敲糖帮"除卖糖、换糖外,还兼卖和换针、线等物;"敲糖"的主要客户也由原来的儿童为主,变为以农村妇女为主,并由城镇、市镇转向交通不便、荒僻的山区,并且日益由近而远,南至广东、西至湖南、北至徐州。

---

①　本节关于义乌"敲糖帮"的史实描述是基于胡琦撰写的《义乌的"敲糖帮"》一文重新整理而成,其主要史实可以在浙江省政协文史资料委员会编的《浙江文史集粹(经济卷)》(下册)(浙江人民出版社1996年版,第95—108页)查证。

②　义乌"敲糖帮"主要分为"东帮"和"北帮"。"东帮"是由义乌东乡人集结的班底,因东乡地瘠民贫,从事敲糖的人最多,自成帮别。"北帮"是由义乌北乡人集结的班底,北乡人善贾,但敲糖人数不及东乡多。西、南两乡做敲糖生意的较少,有则依附于东、北两帮。参见胡琦:《义乌的"敲糖帮"》,载浙江省政协文史资料委员会编:《浙江文史集粹(经济卷)》(下册),浙江人民出版社1996年版,第97页。

③　换取鸡毛、猪毛或者头发等毛发的一个用途是塞根肥田。王一胜(2012)调查发现,在义乌农村有塞秧根习惯的地区与敲糖换鸡毛人分布的地区基本上重合,因此塞秧根对鸡毛换糖是一个重要的推动因素。

义乌"敲糖帮"内部根据其从事角色的不同可分"行商"和"坐坊"两类。"行商"是外出流动从事"鸡毛换糖"者；"坐坊"则是坐守在固定地点，为流动的"鸡毛换糖"者服务的商家。"行商"外出敲糖一般以"班"为单位进行，"班"的首领称为"老路头"，其下依次为"拢担"、"年伯"和"担头"，其内部组织具有一定的管理层次和行规约束。固定的"坐坊"则分为四类：(1)"糖坊"——专替糖担制作"土作糖"和"和货糖"的店铺①；(2)"站头"——设置在某些交通较便利地区的一种专门接待敲糖帮的小客栈；(3)"行家"——给"敲糖帮"批发各式各样百杂货的商店；(4)"老土地"——坐在义乌家乡，专为各路糖担买进回头货（即各糖担自远处换回来的货物）的人的总称。②

"敲糖帮"在每年年初准备出门之前，先由东、北两帮的一二十个"老路头"，汇集议定各自要走的路线，称为"定路"；之后，所有"担头"必须在正月十八、十九、二十这三天内全部出发，分"班"到达第一站；然后，根据各自议定的敲糖线路外出营生。相对固定的敲糖商路有如下三条：(1)南路。义乌的廿三里镇是第一站，金华的孝顺镇为第二站，自此以远经过汤溪、龙游各站，而至衢州；在衢州中转后，经江山进入江西地面，过玉山至上饶。有些"糖担"即以"拢担"为首，分散在赣南、赣北做生意；有的还要横穿江西而入湖南，到达长沙的"终点站"为止，再由长沙折回，沿路进山逾岭，一直做回义乌家乡，需时一年，这叫"敲长路"。那些散在江西地面做生意的，须在农历六月上中旬回到义乌，参加谷熟的秋收，过了中秋再出门做生意，这叫"敲短路"。(2)中路。"糖担"在衢州中转以后，便投北而进入皖南地面，由皖南而转折于安庆、合肥、蚌埠之间，再折回浙皖交界处的宁国。在此批卸后，过昌化，经建德，取路兰溪而回义乌，为中路全程。中路虽近，因山路多，一趟来回亦需一年。(3)北路。苏溪镇为第一站，投北过诸暨入萧山。

---

① "土作糖"是用"青糖"（义乌本地出产的一种红糖）和入少许花生米或芝麻而煎成的；"和货糖"是用"青糖"和"麦芽糖"合制而成。参见胡琦：《义乌的"敲糖帮"》，载浙江省政协文史资料委员会编：《浙江文史集粹（经济卷）》（下册），浙江人民出版社1996年版，第96页。

② 参见胡琦：《义乌的"敲糖帮"》，载浙江省政协文史资料委员会编：《浙江文史集粹（经济卷）》（下册），浙江人民出版社1996年版，第97—98页。

在萧山中转入富阳到临安等地的为"敲短路"者。"敲长路"从萧山经杭州南星桥在拱辰桥投止几日,在杭县地面做些生意。由拱辰桥起路,而嘉兴,而上海,而南京……到达徐州的"终点站"。再由徐州折回,到南京后,改沿宁杭路回杭州,再沿钱塘江过富阳、桐庐、兰溪、金华回到义乌,往返亦需时一年。北路之"敲短路"者,则自南星桥中转后,转向绍兴、余姚、宁波,由宁波折回嵊县,经东阳而回义乌,需时约四五个月。[①]

6.3　计划经济时期义乌货郎担传统存续

新中国成立后,中国农村的集体化和公社化进程使中国逐渐确立了几十项分割城乡联系、固化城乡差别的制度,其中包括户籍制度、粮油供给制度、就业制度等。1962 年 9 月 27 日中国共产党八届十中全会通过的《人民公社工作条例修正草案》第一条规定:"农村人民公社是政社合一的组织,是我国社会主义社会在农村中的基层单位,又是我国社会主义政权在农村中的基层单位。"及第二条规定:"人民公社的基本核算单位是生产队。根据各地方不同的情况,人民公社的组织,可以是两级,即公社和生产队,也可以是三级,即公社、生产大队和生产队。"同时,新中国成立后实行了高度集中的计划经济,主要商品流通纳入计划管理。1957 年 11 月,国务院发布了《关于改进商业管理体制的规定》,第一次明确实行商品分类分级管理办法,把全国商品分为一、二、三类,实行中央和地方分级管理。[②] 在第二个五年计划前三

---

① 参见胡琦:《义乌的"敲糖帮"》,载浙江省政协文史资料委员会编:《浙江文史集粹(经济卷)》(下册),浙江人民出版社 1996 年版,第 100—103 页。

② "第一类:系指关系国计民生十分重大的商品,所有收购、销售、调拨、进口、出口、库存等指标,均由国务院集中管理,这一类中没有日用百货、文化用品范围的商品。第二类:系指一部分生产集中,供应面广或生产分散,需要保证重点地区供应或出口需要的重要商品。日用百货、文化用品中有 24 种。这类商品由国务院确定商品政策,统一平衡安排,实行差额调拨(包括出口)。第三类:系指第一、二类商品以外的各种一般商品,这类商品品种繁多,变动性大,由地方自行管理,主要是由省、市、自治区一级管理。必要时由主管部门会同有关部门召开专业会议平衡安排,供需双方签订合同,按照合同执行。"(商业部百货局编:《中国百货商业》,北京大学出版社 1989 年版,第 25—26 页)。义乌农民"鸡毛换糖"所用的小百货基本上属于第三类商品。

年的"左"倾错误的影响下，百货商业的供销合作社和国营商业合并，自由市场关闭，原来三条商品流通渠道（国营商业、合作社商业和国家领导下的自由市场）变成国营商业一条渠道。1958年，义乌通过私营工商业社会主义改造实现了商品由国营企业独家经营的单一流通渠道，个体商业几乎不复存在（见表6.1）。

表 6.1　1952—1958 年义乌私营工商业社会主义改造概况

	1952 年	1953 年	1954 年	1955 年	1956 年	1957 年	1958 年
私营商业户数（户）	1942	1991	1884	1825	107	82	—
私营商业零售额（万元）	382.78	640.05	444.22	503.01	90.64	20.99	6.31
占全社会商品零售额比重(%)	35.53	45.08	27.72	34.53	5.26	1.22	0.31

数据来源：义乌市统计局编，《义乌解放四十年》，1989 年。

然而，计划经济没能彻底取缔义乌以"鸡毛换糖"为代表的"投机倒把"活动，其在具有货郎担传统的义乌东部和北部地区仍比较活跃，有些村落在农闲时 70％以上的男性劳动力外出"鸡毛换糖"，如西谷村、如甫村、后乐村和后义村等；敲糖人数占本村男性劳动力 20％～40％以上的村落不在少数。[①]

由此引发了三个有待回答的理论问题：其一，计划经济时期具有政社合一特征的农村人民公社及其基本核算单位生产队，为什么会对义乌"鸡毛换糖"的货郎担传统采取了或多或少的"纵容"态度，并为农民异地敲糖签发"临时副业证明"或"敲糖许可证"？其二，当时在义乌一统天下的正规流通渠道——国合商业，为什么会容忍"鸡毛换糖"的货郎担传统继续存在呢？其三，基层政府和部门、正规流通渠道和外出敲糖农民三方的收益和风险如何分配？为此，需要考察地方政府、集体组织与个人三方是处于何种激励框架下，使"鸡毛换糖"的货郎担传统在计划经济的边缘得以存续和发展。

6.3.1　利益相关者Ⅰ：基层政府及部门

义乌人多地少，土地贫瘠，许多地方土壤呈酸性，很难种植农作

---

①　王一胜：《义乌敲糖帮——口述访谈与历史调查》，上海人民出版社 2012 年版，第 27—29 页。

物。当地农民很早就发现"羽毛肥田"可以改良酸性土壤,提高农业产量。① 由于当时我国农业肥料奇缺,1962 年通过的《人民公社工作条例修正草案》第二十八条规定:"生产队应该努力增加肥料,制订全年的积肥计划,组织社员常年积肥。……生产队应该合理规定社员交售肥料的任务,并且按质论价,付给报酬。肥料的报酬,可以记工分,可以付给粮食和现金。超过规定数量、质量又好的,还应该给以现金或者实物的奖励。"因此,义乌农民在农闲时节外出"敲糖换鸡毛"具有增加肥料,改良土壤,提高农业生产效率的合法依据。更重要的是,该草案第二十条和二十二条分别规定:"生产队是人民公社中的基本核算单位。他实行独立核算,自负盈亏,直接组织生产,组织收益的分配。";"在保证完成国家规定的农副产品交售任务的前提下,生产队经营所得的产品和现金,在全队范围内进行分配"。在这种背景下,农民在农闲时节外出敲糖既可为生产队提供足够的农田"肥料",提高农业产量,也可以增加生产队可供分配的收益,从而得到基本核算单位(生产队)以及基层政府(人民公社)的支持。

在实际操作上,农闲时外出敲糖的农民与生产队签订协议,比如,每人每月上缴生产队 100 斤鸡毛或每天缴 1 元钱,缴足任务的,生产队就给其记满 1 年的工分;到年底就可分到 90 元钱、稻谷 400 斤、小麦 100 斤。② 敲糖人将约定的鸡毛数量上交生产队后,再由生产队在队员间进行分配;如果鸡毛量不足,生产队还要到市场上购买;③敲糖

① 具体做法是将焦泥灰(野草连根带泥烧成灰)与鸡、鸭、鹅等家禽羽毛搅拌,揉搓成泥丸。春种时节,农民胸前挂一只装满泥丸的蒲篓,将泥丸一粒粒塞入秧根,其目的是通过禽畜羽毛的磷质肥,酸碱中和来改良土壤。一亩地使用的鸡毛分量几十斤至百斤不等。

② 浙江省政协文史资料委员会编:《浙江文史资料第六十辑:小商品大市场——义乌中国小商品城创业者回忆》,浙江人民出版社 1997 年版,第 102 页。协议条款因敲糖时间长短和农民所在生产大队不同而有所不同,比如廿三里街道前塘村孙茂荣与生产队签订长年合同搞副业,每月向生产队交 60 斤鸡毛可以记工分,证件是义乌县级许可证;时任廿三里街道车塘村书记的黄允协回忆,大队规定农闲时外出鸡毛换糖的每月交生产队 50 斤鸡毛,长期搞副业的每年交 500 斤,报酬按鸡毛的数量和底分给予记工分。参见陈洪才:《廿三里鸡毛换糖史话》,中国国际文化出版社 2008 年版,第 172、203 页。

③ 人民公社时期,义乌城里也有季节性的鸡毛市场,就在东阳派出所边上。毛市最兴盛时是种田季节,主要是因为生产队提早买肥料。毛市上供应的鸡毛是敲糖人带回来的。参见王一胜:《义乌敲糖帮——口述访谈与历史调查》,上海人民出版社 2012 年版,第 32—34 页。

人也可以参照市场价把额外的鸡毛卖给生产队以抵缺支款。[①] 因此，生产队通过与敲糖农民签订协议，允许农民在农闲时节外出鸡毛换糖，不仅可以获得农业生产肥田所需的鸡毛，也可从每个敲糖农民手中获得一笔额外收入，这有利于提高生产队内部所有农民的福利水平。[②] 在经济利益的驱动下，生产队有动力为农民提供农闲时节外出鸡毛换糖以供肥田之需的"合法"身份并出具相关证明，而有了外出敲糖"合法"身份的农民，在异地借宿或者受到类似"打击投机倒把办公室"（简称"打办"）人员查处时，可以凭生产队、公社出具的证明，[③]以农闲时节外出鸡毛换糖以供肥田之需的正当理由进行抗辩，维护自己的经济利益。

除生产队、人民公社等与农民直接相关的基层组织外，义乌工商部门对农民利用农闲时节的"鸡毛换糖"活动也采取了默许态度，并先后多次出台重要的鼓励政策：

第一次：1961 年 8 月 1 日，义乌县商业局和财政局下达联合通知，公社、生产队为本社、队施肥需要，利用农闲派出社员向本县或外县农村或集镇换取零星鸡毛、猪毛、毛发等什肥，经公社证明到县商业局[④]做临时许可证才能外出换毛；换回鸡毛什肥，商业部门不要强制收购，如果其中有原料毛，可与其协商，动员挑选一

---

① 王一胜：《义乌敲糖帮——口述访谈与历史调查》，上海人民出版社 2012 年版，第 33 页。

② 据敲糖人陈某回忆："出外搞副业(指鸡毛换糖)的人越多，生产队的分红也就越高。因为分红值每 10 分工分是 3 角，一个壮劳力每月的最高工分为 300 分，其分红值只有 9 元。而外出搞副业的，每人每月需缴给生产队副业费 30 元，生产队则给他记上 300 分工分。"参见浙江省政协文史资料委员会编：《浙江文史资料第六十辑：小商品大市场——义乌中国小商品城创业者回忆》，浙江人民出版社 1997 年版，第 178－179 页。

③ 敲糖人宗某回忆："18 岁时我开始'鸡毛换糖'。因为宗宅是农业机械化试验基地，人们出门的时间都被严格地限制在春节前后一个多月里，而且要开'鸡毛换糖许可证'或公社证明。'鸡毛换糖许可证'是由义乌工商局发的，很难搞到，一个大队只有几十张。宗宅出门人多，根本轮不到我，我只好去公社开证明。"引自浙江省政协文史资料委员会编：《浙江文史资料第六十辑：小商品大市场——义乌中国小商品城创业者回忆》，浙江人民出版社 1997 年版，第 191 页。另外，王一胜(2012)，陈洪才(2008)调查敲糖人发现，由于县级和公社证明数量有限，很多外出敲糖农民持有的是大队证明。

④ 义乌县工商行政管理局成立于 1963 年 6 月，此前由县商业局设行政物价股负责工商行政管理。

部分,并以适当价格收购,或给同等代价商品肥调换;换取零星鸡毛等什肥需要部分小百货,各地供销部门应尽量安排,按零售价供应;自筹饴糖换毛,应向财政机关申报,交纳饴糖产品税;换回的鸡毛等什肥,确实自用的,不纳销售环节工商统一税。①

第二次:1963 年 12 月 9 日,义乌县工商行政管理局发出《关于安排生产队利用农闲季节集体外出以小百货换取鸡毛等什肥的通知》,对部分社员利用农闲季节敲糖换鸡毛的活动予以支持,但必须申请登记,取得经营许可证。② 县工商局在发放"临时许可证"的同时还给敲糖农民发了一本购货簿,凭购货簿可向县百货公司和供销社批发部分小百货。③

第三次:1956 年 10 月 14 日,义乌县工商行政管理局通知:"由生产队组织部分社员外出集体敲糖换鸡毛,不许单干经营。经营的条件是以贫下中农有此项业务经营能力、热爱集体、政治觉悟高为前提,办证手续由生产队集体申请,大队审查同意,当地市管会或供销社代本局审核发证。"④

第四次:1980 年,义乌县工商局支持农民在农闲季节,外出敲糖换鸡毛的经营活动。10 月 2 日先后向江西、湖南、安徽、福建等邻省发出"请予支持和管理"的公函。同时为了有利于开展小百货敲糖换鸡毛杂肥的经营活动,有计划地发放《义乌县工商行政管理局临时许可证》,持证前往外省经营。10 月 22 日,县工商局决定恢复颁发小百货敲糖换鸡毛杂肥和废品的临时许可证,从 11 月 20 日开始发放,当年约发放 7000 余份。⑤

第五次:1981 年 11 月 18 日,义乌县工商局又发出颁发小百货敲糖换鸡毛杂肥临时许可证的通知,就本年度的发证工作做出如下规定:①1980 年已发的临时许可证作废,须重新申请办理发

① 楼益圣:《财税部门为"拨浪鼓"护航》,《义乌方志》2005 年第 3 期,第 73 页。
② 义乌市工商行政管理局编:《义乌市工商行政管理志》,1992 年,第 34 页。
③ 楼益圣:《财税部门为"拨浪鼓护航》,《义乌方志》2005 年第 3 期,第 73 页。
④ 义乌市工商行政管理局编:《义乌市工商行政管理志》,1992 年,第 35 页。
⑤ 义乌市工商行政管理局编:《义乌市工商行政管理志》,1992 年 5 月,第 36、159 页。

证手续，始得继续经营。②发证工作从 12 月 1 日开始，具体手续由各工商所负责办理。这一年发放小百货敲糖换鸡毛杂肥的临时许可证 5000 余份，批准 200 个小百货个体经营户。①

第六次：1982 年 9 月 27 日，义乌县工商局决定自 11 月 1 日起，大量发放本年度小百货换鸡毛杂肥的许可证。②

从 20 世纪 60 年代义乌工商局对"鸡毛换糖"的鼓励政策来看，1963 年成立的义乌县工商行政管理局实际上通过"生产队集体申请，大队审查同意，当地市管会或供销社代本局审核发证"来鼓励农民的"鸡毛换糖"活动。由此可见，政社合一的人民公社对义乌农民利用农闲季节从事"鸡毛换糖"具有最终的裁定权，工商局委托市管会和供销社发放的"许可证"具有事后追认的性质，即对这种具有"为集体积肥"和"临时副业"双重特点的活动予以登记管理。值得注意的是，在 1974 年颁发的"义乌县工商行政管理局临时副业许可证"上，盖有"回原地纳税"的字样。③ 在"以粮为纲"的时代背景下，义乌农民利用农闲季节外出"鸡毛换糖"既可以积蓄农田肥料，提高农业产量，又能增加当地税收收入④，迎合了地方政府的利益诉求，这就不难理解义乌各级政府及部门都对"鸡毛换糖"的货郎担传统采取了默许并支持的态度。从实际情况看，20 世纪 60 年代到 80 年代初人民公社体制废除，"义乌除了少数时期个别生产队外，基本上没有禁止农民出去敲糖"。⑤

---

① 义乌市工商行政管理局编：《义乌市工商行政管理志》，1992 年，第 160 页。

② 义乌市工商行政管理局编：《义乌市工商行政管理志》，1992 年，第 160 页。

③ 吴志雄：《市场落地前的啼鸣》（下），http://www.ywnews.cn/20040309/ca777.htm.

④ 对敲糖（小百货）换毛、陶器、货郎担等，1979 年义乌县财税局按 3％税率征税；1980 年后税收按实际经营天数每天额定税 0.15 元。每人预收纳税保证金 12 元，多退少补。中途提前回来，将敲糖换什肥许可证交财税所保管，注明回来和外出日期，最后结算。如在外地缴纳了税，可以抵扣（参见楼益圣：《财税部门为"拨浪鼓"护航》，《义乌方志》2005 年第 3 期，第 74 页）。1980 年，廿三里对为敲糖人提供小百货的商贩收取每天 1 元钱的管理费，一般一个月 30 余元，是临时开发票的。（参见鲍中夫：《义乌小商品市场源头考》，《义乌方志》2002 年第 3—4 期，第 22 页）。

⑤ 王一胜：《义乌敲糖帮——口述访谈与历史调查》，上海人民出版社 2012 年版，第 101 页。

6.3.2 利益相关者Ⅱ:正规流通渠道

作为义乌合法经营的国合销售渠道——义乌县供销合作社及其下属土特产公司(畜产品公司,1950年8月县供销合作社设土产收购组,1966年12月23日改建公司)早在20世纪50年代就开始经营畜产品业务和废旧物资收购,初期主要是收购牛皮、杂皮、羽毛,后来扩大到山羊毛、猪鬃原料毛、红鸡毛(分为项毛、尾毛、尖毛三种,合称红鸡毛,也称公鸡"三把毛")、猪肠衣的收购,废旧物资包括废铜烂铁、牙膏壳、猪骨头以及破衣破鞋等。在计划经济时期,义乌县土特产公司及廿三里、苏溪、城阳、后宅供销社利用义东、苏溪、义北等地农民到外地敲糖换鸡毛的习惯,发给他们下乡购销证件和废旧物资价格目录,鼓励其出县跨省收购动物毛骨及废旧物品。

羽毛是计划经济时代义乌出口的拳头产品,曾获上海出口免检荣誉。[①] 就红鸡毛而言,1956年4月,刚成立不久、负责红鸡毛出口采购的义乌县农产品采购局向苏溪等基层采购站发出通知,要求组织小商小贩收集羽毛。当年与采购局签订合同投售羽毛的敲糖农民有570多人,投售猪鬃原料毛、红鸡毛数量4500多公斤。[②] 1958年,廿三里人民公社在陶店村办起加工红鸡毛的羽毛厂,对敲糖农民换回红鸡毛作为原料的需求进一步扩大。1965—1984年,义乌县供销社系统总共收购红鸡毛1132.67吨;1978年,义乌县供销社红鸡毛收购点由原有的廿三里、城阳、后宅和苏溪4个点,新增青口、下骆宅和尚经3个点。1978—1984年,县供销社累计收购原料毛569.3吨,收购额332万元,拨给16个羽毛厂2000余人加工,加工后的串条毛大多通过上海、广州、天津等地出口。1978—1984年,土特产公司向羽毛厂收购外销串条毛217.55吨,价值621.84万元。[③] 此外,1965—1984年,义乌县供

---

① 张金龙:《市场源流——专业村细说》,《义乌方志》2002年第3—4期,第77页。

② 吴志雄:《中国市场第一证》,《义乌方志》2003年第4期,第4页。

③ 1985年国际市场需求发生变化,红鸡毛收购业务渐止。参见义乌县供销社志编写小组:《义乌县供销社志》,1987年,第164—165页。

销社系统还回收各种废旧物资 2.73 万吨,累计金额 427.78 万元。[①]
同时,敲糖农民换来的鸡内金因具有较好的药用价值,往往出售给医药公司作为药材。"据从金华医药公司了解到的情况,他们公司拥有的鸡内金中,80%～90%是由义乌的这些货郎担提供的。"[②]

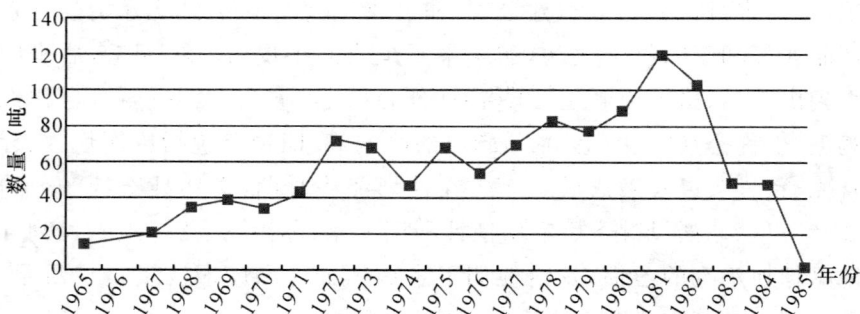

图 6.1 1965—1985 年义乌供销社系统收购红鸡毛数量变动情况
注:1966 年没有该项统计数据。
资料来源:义乌县供销社志编写小组:《义乌县供销社志》,1987 年,第 170—171 页。

图 6.1 绘制了 1965—1985 年义乌县供销社系统收购红鸡毛数量变动情况。可以看到,1982 年以前,义乌县供销社系统向敲糖农民收购红鸡毛的数量逐年增加,两种活动之间具有很强的互补关系;1982 年开始,由于义乌小商品市场合法化,义乌敲糖农民逐渐转变为固定摆摊的经营户或依托市场办厂的经营者,很少或不再外出鸡毛换糖,当年供销社系统收购的红鸡毛数量比 1981 年大幅减少且以后呈逐年递减之势,两者活动之间的互补关系逐渐消失。

总之,在计划经济时期,义乌农民的鸡毛换糖活动与正规流通渠道之间具有很强的经济互利性,这使得正规流通渠道对鸡毛换糖活动非但没有采取限制和打击行为,反而为其活动方便提供了敲糖货源(每人可批发不超过 50 元的小百货)、信息服务(提供废旧物资价格目录)、销售网络(收购鸡毛、废旧物品等)等支持。敲糖人凭借公社许可证不仅能在

---

① 《义乌市(县)志》,http://www.yw.gov.cn/zjyw/dfzj/ywxz/ywxz/sy/200706/t20070605_7963.shtml.

② 参见浙江省政协文史资料委员会:《浙江文史资料第六十辑:小商品大市场——义乌中国小商品城创业者回忆》,浙江人民出版社 1997 年版,第 4 页。

当地供销社进到紧俏货物（如肥皂、草纸等），也可以在外地就近供销社、国营百货店或代销点补充货物，甚至直接去厂家或产地进货，这样敲糖人还能充分利用自己掌握的各地货物差价信息获利。由是，"鸡毛换糖"的货郎担传统在计划经济时期的义乌得到存续和发展。

6.3.3 利益相关者Ⅲ：敲糖农民

义乌当地政府有关部门颁发的鸡毛换糖"许可证"、"外出证明"等使敲糖生意在计划经济时期有了一定的"合法性"①，而敲糖农民在扣除各项成本及可能的各种风险损失后可获得巨大的经济回报则激励其外出从事敲糖活动。在成本与收益比较方面，王一胜（2012）调查发现，20世纪60年代和70年代敲糖的成本最低是20～30元，最高是100多元，一般以50～60元为主；收益方面，除了亏本（如财物被"打办"没收）与行情很好的情形，敲糖一次的净收益在几十元到100多元之间，而行情好时一次就能赚数百元。80年代初期敲糖的成本和收益与70年代差不多。吴志雄（2003）提到当年货郎担都算过这样一笔账：3斤下脚毛可低一个工，1斤上等鸡毛可卖2～7元现金，敲糖的净利润很少会低于本钱。

敲糖人口述回忆材料反映了其外出敲糖决策的成本与收益考量：

> 敲糖人潘某对外出敲糖的核算："估摸一算，每天除了保证吃饭，还能有2块多钱的收入。出门的人不但能保持一年的工分，

---

① 在计划经济时期，义乌从事敲糖生意的农民即使获得了当地政府部门颁发的"许可证"，其在外地从事敲糖生意仍有可能被扣上"投机倒把"的帽子而遭受打击的风险。例如：（1）潘其在浙江新昌挑着两只装满鸡毛、破凉鞋等物的箩筐时，被一伙自称"打击投机倒把办公室"的人全部没收了货物（《小商品大市场》，第103页）。（2）吴某在浦江敲糖时，被一伙人以"走资本主义道路、搞投机倒把"的名义扭送到大队部听他们训话，吴某把证明给他们看，告诉是农闲时出来换鸡毛作下田肥料，结果还是被关了一个晚上（《小商品大市场》，第199页）。（3）1977年清明节前后，廿三里街道大伦村丁守友从江西修水托运10多麻袋集贸到南昌火车站，准备利用晚上时间装运上火车时被车站打击投机倒把办公室人员发现，鸡毛全部被送往当地收购站，对方只开了一张暂扣证。这一趟使他损失1000多元（《重走鸡毛换糖之路系列之十四：鸡毛换糖培育创新精神》，http://www.yw.gov.cn/zfzx/ztbd/czjmhtl/201104/t20110427_19343.shtml）。这类例子在义乌农民外出敲糖时很普遍（参见陈洪才：《廿三里鸡毛换糖史话》，中国国际文化出版社2008年版）。

除了上缴的，额外还能赚钱，不用说，出门的人收入比待在生产队好多了。"①

敲糖人龚某的估算："事后一算，卖毛收入加上卖牙膏皮、鸡内金等的收入，除去开支，扣下本钱，半个月的成绩也还可以。除这半个月的饭白吃进来外，还盈余了40多元。"②

高岭村敲糖人孙某的估算："一包针从（安吉）递铺（镇）的百货商店进货7分7，三四枚针也就一两分钱。而一只好的雄鸡毛值三四毛钱，用一两分钱的针就能换三四毛钱的鸡毛，非常划算。当时生产队的工分计算，农村一个男劳动力一年最多就挣个100多元钱，而靠着鸡毛换糖，孙某每月能赚五六百元钱。"③

江村敲糖人龚某回忆第一次鸡毛换糖就带回来125元钱："那个时候已经相当不简单了，米只要一角六分一斤，猪肉五角五分一斤，鸡蛋五分一个，十五元就能过上一个好年了。"④

与鸡毛换糖带来的收入相对比，1957—1981年期间义乌农民人均年收入虽然呈持续增长趋势，但收入最高的年份也不足90元，直到1982年才超过100元（见图6.2）。鸡毛换糖与务农活动的收入差异很快吸引大批农民跟随宗亲和乡邻外出，成为货郎担。以稠城街道江村为例，1964年时任江村党支部书记骆华森等三人挑担子到江西上饶鸡毛换糖，第一趟就赚了100多元。同村人听到这个消息，第二年就有骆有桢等人跟随骆华森外出鸡毛换糖；三四年工夫，就从当初的五六人增加到140多人。⑤

---

① 浙江省政协文史资料委员会编：《浙江文史资料第六十辑：小商品大市场——义乌中国小商品城创业者回忆》，浙江人民出版社1997年版，第102页。

② 浙江省政协文史资料委员会编：《浙江文史资料第六十辑：小商品大市场——义乌中国小商品城创业者回忆》，浙江人民出版社1997年版，第134页。

③ 《重走重走鸡毛换糖之路系列之七：鸡毛换糖，一路收获微笑与温情》，http://www.yw.gov.cn/zfzx/ztbd/czjmhtl/201104/t20110427_19336.shtml。

④ 《重走重走鸡毛换糖之路系列之七：一条路·十九年·一生情》，http://www.yw.gov.cn/zfzx/ztbd/czjmhtl/201104/t20110427_19340.shtml。

⑤ 《重走鸡毛换糖之路系列之十二："敲糖帮"在江西的传奇》（上），http://www.yw.gov.cn/zfzx/ztbd/czjmhtl/201104/t20110427_19341.shtml。

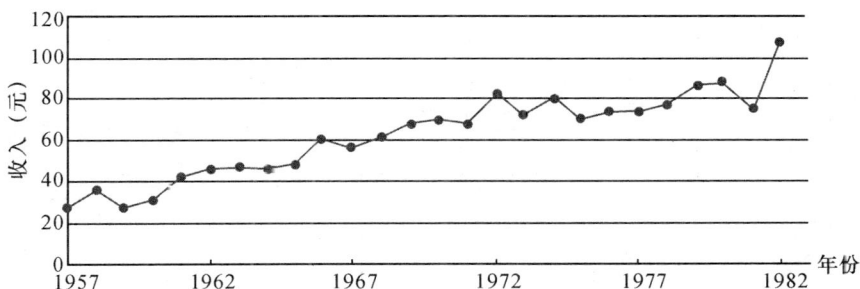

图 6.2　1957—1982 年义乌农民人均年收入变化情况

数据来源：义乌市统计局编：《义乌解放四十年》，1989 年。

因此，在当时经济背景下，义乌农民外出敲糖换鸡毛具有国家、集体、个人三者利益相互交织结合的特征，即红鸡毛供出口——出口创汇，利国家；杂毛肥田——积肥提高农业产量，利集体；敲糖换工分——个人增收，利自己。[①] 通过国家、集体、个人三者利益的交织结合，各利益相关主体都能从农民外出鸡毛换糖活动中分享到收益，这使得"鸡毛换糖"的货郎担传统能够在计划经济时期继续存在和发展。

表 6.2 总结了《浙江文史资料第六十辑：小商品大市场——义乌中国小商品城创业者回忆》、《中国小商品城纵观》以及《廿三里鸡毛换糖史话》三份资料中记录的新中国成立后至义乌小商品市场开放前 59 位义乌农民外出从事敲糖生意的活动情况，表明地方政府的"保护"和正规流通渠道的支持确实使"鸡毛换糖"活动在计划经济时期得到了很好的继承和发展。从表 6.2 也可发现，不少曾经从事过"鸡毛敲糖"的农民在政策日渐宽松的 1980 年前后逐步改行，转变为义乌小商品市场的经营者和依托市场销售产品的企业家，推动了义乌小商品市场的兴起与繁荣。

---

① "1973 年春节前后，公社党委对这事（指'鸡毛换糖'）松了松手，新兴大队便出去 70 多副担子，20 天左右就收回鸡毛 1 万多斤，为国家提供出口红毛 2000 斤，价值近 4000 元。更主要的是给生产队积储了鸡毛这一特等有机肥料 8000 多斤。这一年虽然遭受严重的干旱，粮食总产量和单产却都超过了历史最好水平。外出回来的社员把红毛和其他破旧卖给当地收购站，得了现钱，备足了一年的油盐酱醋钱。一笔账算出了三个利：一利国家，二利集体，三利社员自己。"（参见浙江省政协文史资料委员会编：《浙江文史资料第六十辑：小商品大市场——义乌中国小商品城创业者回忆》，浙江人民出版社 1997 年版，第 317 页）。

表 6.2 计划经济时期义乌"敲糖帮"的活动及其演变情况

姓名	居住地	出生年份	文化程度	初次敲糖年份	初始投入	初次敲糖是否有同伴	敲糖区域	演变情况	材料来源
潘茂法	廿三里	1954年	小学毕业	1970年（16岁）	四五十元	与堂兄	浙江、江西	1982年在市场设摊 1983年依托市场办厂	资料A 第101—108页
朱关龙	稠城	1945年	小学毕业	1960年（16岁）	四十元钱	与父亲	浙江	1979年开始长途贩卖 1983年在市场设摊	资料A 第121—129页
龚辉潮	稠城	1957年	初中毕业	1973年（17岁）	三十元钱	与姐夫	浙江、江西	1978年开始长途贩卖 1982年在市场设摊 1984年依托市场办厂	资料A第130—141页，资料B 第353—355页
黄昌根	—	1952年	—	1966年（15岁）	很少	无	浙江	1970年开始摆地摊 1982年在市场设摊	资料A 第142—149页
施文建	廿三里	约1935年	—	1967年	卖猪所得钱	—	浙江、江西	1981年开始长途贩卖 1983年在市场设摊	资料A 第157—164页
陈洪才	廿三里	1943	初中毕业	1966年	—	与同村老年人	浙江、江西	1982年在市场设摊 后依托市场办厂	资料A 第177—189页
宗承英	稠城	1950年	初中辍学	1967年（18岁）	三四十元钱	与哥哥和同队人	浙江、江西、广西	1981年开始长途贩卖 1985年在市场设摊	资料A 第190—196页
吴承先	青口	1952年	小学毕业	1969年（18岁）	几十元	与同学的父亲	浙江、江西、福建	1982年在市场设摊 1983年依托市场办厂	资料A 第197—202页 资料B 第289—290页

续表

姓名	居住地	出生年份	文化程度	初次敲糖年份	初始投入	初次敲糖是否有同伴	敲糖区域	演变情况	材料来源
郑礼龙	廿三里	—	—	—	—	—	—	1982年依托市场办厂	资料A第213-219页 资料B第320-322页
楼瑛财	廿三里	1945年	初中毕业	—	—	—	—	1984年依托市场办厂	资料B第372-373页
虞修瑶	廿三里	—	—	1971年	—	—	西藏，东北，海南	80年代初在市场设摊	资料B第365-366页
虞瑞南	—	—	初中辍学	70年代	—	—	—	80年代在市场设摊	资料B第364-365页
施国金	—	1937年	—	1961年	—	—	—	1982年在市场办厂，后依托市场办厂	资料B第342-344页
金扬星	廿三里	—	—	19岁	—	与堂兄一起	浙江，江西	80年代开始摆地摊，后在第三代市场设摊	资料B第328-329页
陈荣雄	廿三里	1957年	初中毕业	1975年（19岁）	—	与父兄及长辈	浙江	1979年开始长途贩卖，后在第二代市场设摊	资料B第311-312页
陈耀生	廿三里	—	—	20岁	—	与同村	—	70年代摆地摊，1982年在市场设摊	资料B第307-308页
吴厚钱	平畴乡	1955年	小学毕业	17岁	—	—	浙江，江西，福建，湖南	1981年转为贸易商人	资料B第289页
许忠信	廿三里	—	—	70年代初	六十元钱	—	浙江	80年代初在市场设摊	资料B第284-285页

续表

姓名	居住地	出生年份	文化程度	初次敲糖年份	初始投入	初次敲糖是否有同伴	敲糖区域	演变情况	材料来源
朱存生	廿三里	1950年	—	—	—	—	江西、安徽、陕西	1983年在市场设摊	资料B 第280—281页
郑春法	稠城	1957年	小学辍学	1976年（20岁）	一百元	与同乡	浙江、江西	1979年开始办厂	资料B 第203—205页
吴华斌	青口	—	—	17岁	—	—	浙江、江西	1982年在市场设摊，1986年依托市场办厂	资料B 第201—203页
陈朝根	廿三里	约1946年	—	70年代初	四十元	—	浙江、江西、福建、湖南	70年代末80年代初从事长途贩卖，1982年依托市场办厂	资料B 第197—199页
朱开维	廿三里南站新村	1934年	中专	1962年	—	同村	新昌	改革开放后在义乌小商品市场经营	资料C 第77页
杜正新	廿三里村	1935年	—	1952年	—	—	浙江、安徽、江西、重庆	—	资料C 第80页
杜正中	廿三里村	1947年	初中	1972年	一百元	老乡	江西、湖北	1979年在小百货市场做商品批发生意	资料C 第82页
叶树良	廿三里街道前店村	1954年	—	1969年	一百元	老乡	浙江	1974年开始做小百货生意	资料C 第88页
吕名兴	廿三里街道王店村	1929年	初小文化	1952年	—	独自外出	浙江、江西	1982年开办综合厂	资料C 第91页

续表

姓名	居住地	出生年份	文化程度	初次敲糖年份	初始投入	初次敲糖是否有同伴	敲糖区域	演变情况	材料来源
吕止辉	廿三里街道王店村	1956年	初中文化	1974年	—	哥哥一同外出	江西	—	资料C 第94页
吕延勇	廿三里街道王店村	1956年	初中文化	1977年	—	—	浙江	1988年结束	资料C 第102页
吕兰芳	廿三里街道王店村	1954年	初中文化	1971年	—	同舅舅一同外出	浙江	—	资料C 第104页
吴功秀	廿三里街道后乐村	1948年	小学毕业	1975年	—	同村	江西、云南	1992年才停止	资料C 第108页
陈普昌	廿三里街道后乐村	1952年	—	1971年	不到百元	同村	—	80年在小商品市场做生意，1990年办织布厂	资料C 第110页
方美中	廿三里街道后乐村	1955年	小学文化	1972年	—	同村	江西	—	资料C 第112页
陈普盛	廿三里街道后乐村	—	—	1975年	—	独自出门	浙江	后开办针织内衣厂	资料C 第117页
汪根友	骆宅口村	1947年	小学文化	1974年	—	同村	浙江、湖南	1980年去徐州经营小商品批发生意	资料C 第119页
方樟盛	骆宅口村	1947年	初中文化	1965年	—	和父亲一起外出	浙江	—	资料C 第123页
方岳贵	骆宅口村	1953年	初中文化	1971年	—	—	浙江、江苏	—	资料C 第124页

续表

姓名	居住地	出生年份	文化程度	初次敲糖年份	初始投入	初次敲糖是否有同伴	敲糖区域	演变情况	材料来源
李邦森	李宅王畈村	1942年	—	1968年	一百多元钱	父子两代人敲糖,同伴	浙江、江西、湖南、河北、安徽	后来家中办针织厂	资料C第127页
范允才	盘山村	1931年	—	1952年	—	同乡	浙江、江西	1981年在北门街经营小百货生意	资料C第131页
李荣法	廿三里街道李宅村	1939年	初小文化	1966年	—	同乡	浙江、江西、湖南、河北、安徽	1978年批发纽扣,后义乌做小商品批发生意	资料C第133页
金允盛	廿三里街道深塘村	1947年	—	1962年	—	父子同乡	浙江、江西	1978年开始小商品市场经营批发生意	资料C第136页
金祖星	廿三里街人足塘村	1943年	—	1972年	三百元资金	同乡	江西	改革开放后子女办厂经商	资料C第138页
丁有星	廿三里街道葛塘村	1946年	—	1964年	—	同年伯	浙江、江西	1984年以后改行小商品摊贩	资料C第140页
丁章星	廿三里街道葛塘村	1951年	初中文化	1977年	—	岳父同去	浙江、江西	1982年经营小商品	资料C第146页
丁三奶	廿三里街道葛塘村	1953年	初小文化	1969年	—	—	浙江、江西	1978年转为到河南经营小商品批发生意,1997年办彩印厂	资料C第148页

续表

姓名	居住地	出生年份	文化程度	初次贩糖年份	初始投入	初次贩糖是否有同伴	贩糖区域	演变情况	材料来源
孙正法	廿三里街道钱塘村	1949年	—	1967年	—	父亲	江西	1978年转做小商品生意	资料C第153页
虞义平	廿三里街道钱塘村	1953年	初中文化	1969年	—	父亲	浙江	1978年做小商品生意，1986年开办针织厂	资料C第155页
孙芝芳	廿三里街道钱塘村	1943年	小学文化	1961年	—	父亲	浙江、江西	—	资料C第163页
孙成奎	廿三里街道钱塘村	1946年	高小文化	1966年	—	同村	浙江、福建、江西	1978年转为做小百货生意，1986年办袜厂	资料C第169页
孙茂荣	廿三里街道钱塘村	1944年	—	1966年	—	同村	浙江、江西、湖南、河北、安徽	1980年在义乌小商品市场经营温州袜	资料C第171页
朱子茂	廿三里街道下朱宅村	1937年	高中文化	1968年	—	岳父同去	江西、安徽	1980年开始经营小百货生意	资料C第173页
何显龙	廿三里街道上江益村	1941年	小学文化	1972年	一百元	同乡	浙江	1980年开始经营小百货生意	资料C第189页
何正纬	廿三里街道何宅村	1934年	小学文化	1969年	—	同村	—	—	资料C第190页

续表

姓名	居住地	出生年份	文化程度	初次敲糖年份	初始投入	初次敲糖是否有同伴	敲糖区域	演变情况	材料来源
吴持宝	廿三里街道光跃镜村	1954年	—	1968年	八十元	同村	浙江、江西	1992年去江苏经营小商品批发生意	资料C第192页
吴维喜	廿三里街道光跃镜村	1927年	—	1976年	—	同村	浙江	1978年该行其他生意	资料C第195页
施成良	廿三里街道如甫村	1931年	小学文化	1961年	—	同乡	浙江	1978年以后改做小商品生意	资料C第197页
黄允协	廿三里街道麻车塘村	1932年	—	1956年	—	—	—	—	资料C第203页
黄樟森	廿三里街道麻车塘村	1953年	—	1973年	—	同村	浙江、江西	1986年改行做木匠	资料C第204页
何正统	廿三里街道陶店村	1949年	初中文化	1977年	—	同村	—	—	资料C第215页

注:(1)表格中"—"表示原始资料中并无记载。

(2)义乌人一般用"虚岁"表示自己的年龄,出生当年即为一岁,第二年为二岁,以此类推。

(3)资料A指《浙江文史资料第六十辑——义乌中国小商品城创业者回忆》;资料B指《中国小商品城纵观》;资料C指《廿三里鸡毛换糖史话》。

6.4 货郎担传统存续与义乌小商品市场兴起

清季以来,廿三里镇一直是义乌敲糖帮组织货源的重要站头,许多敲糖农民在此批糖和购置小百货,然后前往各处敲糖营生。义乌城里的集市贸易虽然在 1966 年夏至 1976 年被关闭,直到 1979 年才重新恢复,但这期间因外出敲糖农民的配货需要,廿三里、稠城等地的集市贸易却屡禁屡兴,成为广大敲糖农民配置小百货和出售货物的重要场所。"文革"以后义乌农民外出从事鸡毛换糖可以凭工商部门颁发的临时许可证到县百货公司批发一些小商品以备"小百货换鸡毛"之需,但每份许可证批发的总金额有不能超过 50 元的限制。不少农民想方设法去省内外各大城市寻找玩具、纽扣、尼龙袜等小商品供自己经营所需,多余的携至集市转让或出售;加上本地产的板刷、尼龙线编织物等小商品,因而在稠城镇、廿三里集市上开始出现季节性小商品市场。①

三位从事敲糖的义乌农民对 20 世纪 70 年代的廿三里集市有如下描述:

（1）敲糖人龚某口述,"1973 年（时仅 17 岁）,我就开始'鸡毛换糖'了……于是我跟着姐夫跑稠城集市、赶廿三里集市配货,其实,也不过是鞋带、缝衣针、纽扣、棒棒糖之类小商品与小食品而已。"②

（2）敲糖人黄某口述:"我认为,义乌小商品市场的发展历史应该往前推到六七十年代……我当时'鸡毛换糖'用的小商品就是到市场配的。这个市场设在廿三里,当时已经比较兴旺,每逢农历一、四、七日是集市。市场上的'看家品种'是顶针、线球、缝衣针、女人纳鞋底用的钻子、胶木纽扣、橡皮圈、姑娘扎辫子用的

---

① 义乌市工商行政管理局编:《义乌市工商行政管理志》,1992 年,第 272－273 页。

② 浙江省政协文史资料委员会编:《浙江文史资料第六十辑:小商品大市场——义乌中国小商品城创业者回忆》·浙江人民出版社 1997 年版,第 130－131 页。

牛皮筋、气球、用人力车辐条折成的火柴枪，再就是永康产的小铁皮哨子(每100个0.8元)，用红颜料染色的木哨子(2分钱一个)。至于吃的，以蚕豆般大的白糖制的红红绿绿的糖粒为最多。到70年代初，小商品品种增多，也有了更新。比如黄瓜刨，原先是小竹板上钉一薄铁片，后改为用铁丝敲成，是我市稠城镇曹道、莲塘村民制造的。也有小鞭炮与小纸炮，这类危险品大多是金华新亭土制的……当时，纽扣已经出现了有机玻璃扣，另外，还有牛筋编织的小鱼、小虾，还有铁丝发夹等。"[①]

　　(3)敲糖人陈某述及："敲糖人所需的小商品，最好是当地百货商店不容易买到而在日常生活中又不可缺少的东西，并且既要实用又要价廉。当时(根据上下文应为60年代末至70年代初之间)，廿三里市场就有这类商品，开始有各种花色的糖粒、纽扣、缝衣针、发夹、板刷、鞋扣、小鞭炮、气球等。邻近的东阳县也是个穷地方，出门人也多，他们以做手艺为主。因为离廿三里近，他们也常把手工制品偷偷拿到廿三里集市上来卖，他们的主要产品是毛夹、针夹、铁针架、猪毛夹等铁器，这些小商品正适合换糖人的胃口。"[②]

杨望德(2002)对70年代自发形成的廿三里小商品集市的货源作了分类：(1)本地工艺品，如深塘村人用塑料制作的茶杯套、鱼虾钥匙带等；(2)外地社队企业或家庭工厂的工业品；(3)从本地或外地百货公司进的货；(4)敲糖帮外出敲糖时从当地社队企业采购的商品。1974年，县城稠城镇也出现类似市场，许多商贩就跑两地赶集。因此，计划经济时期义乌大量外出敲糖人的活动，带来廿三里、稠城等地小商品集市贸易的异常活跃，而集市贸易的活跃又丰富了敲糖农民的货

---

　　①　浙江省政协文史资料委员会编：《浙江文史资料第六十辑：小商品大市场——义乌中国小商品城创业者回忆》，浙江人民出版社1997年版，第143页。
　　②　浙江省政协文史资料委员会编：《浙江文史资料第六十辑：小商品大市场——义乌中国小商品城创业者回忆》，浙江人民出版社1997年版，第179页。

郎担商品,从而形成敲糖活动与集市贸易的互动发展。①

　　1979 年初,来自廿三里、福田两乡的 10 多副敲糖担在稠城镇县前街歇担设摊,出售针头线脑、各色纽扣、小玩具等小百货及板刷、鸡毛帚等家庭副业产品,仅半年时间,增至 100 多户。1980 年移至北门街摆摊经营,仍以批发零售兼营。② 1982 年 8 月 25 日,义乌以临时组建的"义乌县稠城镇整顿市场领导小组"办公室的名义发布《关于加强小百货市场管理的通告(第一号)》,宣布稠城小商品市场于 9 月 5 日正式开放,标志着义乌小商品市场的诞生。表 6.3 列出了 1979—1988 年义乌城乡集贸市场成交额,显然,地方政府的支持强有力地刺激了义乌城乡集贸市场发展,1983 年成交额已猛增至 1979 年的 8.9 倍,摊位数由 1982 年的 705 个增至 1027 个。根据义乌县工商局供稿编印的两份资料(1982 年),计划经济时期从事敲糖换毛的货郎担歇担摆摊的占 35%,货郎商品 80%以上从小百货市场进货,小百货市场商品销售就靠上万人的货郎担和上千人的个体商贩队伍。③ 总之,在计划经济时期从事鸡毛换糖活动的义乌农民在改革开放初期逐步歇担设摊成为坐商或农托市场开办企业,发挥其在鸡毛换糖活动中获得的市场信息和经营技能④,充分把握短缺经济带来的获利机会,进而推动了义乌小商品市场的兴起。

表 6.3　1979—1988 年义乌城乡集贸市场贸易成交额　　　　单位:万元

	1979 年	1980 年	1981 年	1982 年	1983 年	1984 年	1985 年	1986 年	1987 年	1988 年
成交额	917	828	1097	2421	8121	11348	12268	15217	17319	18325

数据来源:义乌市统计局编:《义乌解放四十年》,1989 年。

---

　　①　比如,义乌曹道、莲塘和李角塘有不少打小铁的(打制锁器、针夹和瓜刨等小器具的工匠)专门生产五金小器具卖给敲糖人,而打小铁需要的铁丝是向敲糖人买来的。敲糖人越来越多,因此学做小铁器的人也越来越多。参见王一胜:《义乌敲糖帮——口述访谈与历史调查》,上海人民出版社 2012 年版,第 225 页。

　　②　义乌市工商行政管理局编:《义乌市工商行政管理志》,1992 年,第 273 页。

　　③　吴志雄:《市场落地前的啼鸣》(上),http://www.ywnews.cn/20040309/ca779.htm.

　　④　汪丁丁、贾拥民(2007)认为,义乌农民通过从事"鸡毛换糖"可以逐渐掌握一种特殊的经商技能,即所谓的"货郎担算法"。这种技能包括对货郎担商品的优化组合、最优经商路线的规划,以及对各种商品相对价格的计算等。

6.5 小　结

在经历了重大制度变迁的中国，许多历史上曾经显赫一时的地域商帮对改革开放初期当地经济发展的作用并不明显，反而是一些在历史上并不显眼的小商贩团体和流动手工业群体却对改革开放初期当地经济的发展发挥了重要的推动作用。不难发现，那些曾经显赫一时的地域商帮的竞争优势往往在于复杂的组织结构、激励兼容的治理机制或者对某些经济资源占有的垄断权（刘建生、刘鹏生，2002；王廷元、王世华，2005）。当外部制度环境发生剧烈变化时，他们要继续获得竞争优势就必须使内部各要素进行协调一致的调整以适应制度环境的变化；一旦这种调整遇到一些无法逾越的制度障碍而难以进行时，这个地域商帮或组织的发展也就走到了历史的尽头。相反，那些不起眼的小商贩和流动手工业群体往往不依赖正式组织和管理制度，而是依靠技艺积累和代际传承获得生存机会，对剧烈制度变迁的适应性很强。义乌案例的成功之处在于，当地农民"鸡毛换糖"的货郎担传统在计划经济时期依靠地方政府、集体组织与个人活动三者利益相容的机制得以存续，这使外出农民发现并利用短缺经济的供求不均衡预示的潜在获利机会，促进了交易与生产的分工以及经商网络的扩张，从而在改革开放初期推动义乌小商品市场的快速兴起与蓬勃发展。

7 结束语

改革开放以来,我国商品交易市场通过为中小企业提供共享式销售平台,迅速成为城乡商品流通的主要渠道之一,对区域经济增长和资源配置方式转型产生了深远影响。本书采用理论研究与实证研究结合的方法,从商业领域经济政策与制度变迁、多样化效应与竞争效应、供给接入与市场接入等方面探讨了决定我国商品交易市场发展与绩效的内在运作机理。

本书的主要结论包括:

(1)以城乡集贸市场为代表的商品交易市场在新中国成立以后的曲折发展与商贸流通政策调整密切相关,改革开放以后其作为联系供给与需求的国内商品流通功能日益彰显,成为城乡商品流通的主要渠道之一。随着互联网应用的普及,网上商品交易市场与实体商品交易市场之间呈现出既合作又竞争的发展格局,推动着商品交易市场体制机制创新和世态创新。

(2)作为共享销售组织的商品交易市场,其设立的前提条件是市场需求规模超过临界水平,且临界市场规模与商品交易市场设立的初始投资正相关,与消费者的工业品支出份额负相关。同时,市场需求规模的扩大将导致商品交易市场均衡的企业数增加和进入门槛提高;此外,企业能力分布的方差越小,则均衡状态时企业进入商品交易市场的最低能力水平越高。

(3)商品交易市场成立以后,其发展受到两种相反方向力量的作用，即正向的多样化效应和负向的竞争效应。在其他条件不变的情况下，商品交易市场中经营的产品种类的增加（多样化效应）会提高摊位经营者平均的收益水平；而摊位经营者的增加（竞争效应）会降低其平均的收益水平。随着商品交易市场摊位之间平均距离的缩短，竞争效应和多样化效应都增强；但是竞争效应比多样化效应对摊位之间平均距离更敏感。

（4）就我国各省商品交易市场的发展而言，外省的供给接入和市场接入远没有本省的供给接入和市场接入重要。与新经济地理学的许多实证研究类似，铁路、公路和高速公路等交通基础设施的日益完善通过降低运输成本对商品交易市场的发展起到了重要的促进作用。研究也证实，由于要素密集程度不同的产品生产企业往往会选择不同的商品流通渠道，因而不同要素密集型商品对商品交易市场发展的影响力不同。

（5）在义乌小商品市场兴起案例中，义乌农民"鸡毛换糖"的商业传统在计划经济时期依靠地方政府、集体组织与个人活动三者达成的利益相容机制得以存续，这使外出农民发现并利用短缺经济的供求不均衡预示的潜在获利机会，促进了交易与生产的分工以及经商网络的扩张，从而在改革开放初期推动了义乌小商品市场的快速兴起与蓬勃发展。

本书旨在讨论商品交易市场发展与绩效的内在运作机理，在此基础上值得关注的进一步研究方向包括：商品交易市场与其他商品流通渠道效率的比较研究；商品交易市场发达地区与其他地区的比较研究，这又包括了国内和国际的比较研究；商品交易市场与企业的专业化分工之间所形成的现代经济增长机制问题，比如商品交易市场与产业集群互动研究。

附录:关于商品分类的规定

商品分类指根据商品的主要用途和性质所进行的分类。通过对商品分类统计,反映市场对各类商品的需求情况。具体包括:

(1)食品、饮料、烟酒类:指供食用的各种食品,如粮油、肉禽蛋、水产品、蔬果类、食糖、糖果糕点、豆制品、滋补食品、食盐、调味品、罐头食品、奶及奶制品等及饮料、酒类和烟草加工品的集合。

(2)粮油类:指供食用的粮食和食用油。粮食包括谷物、面粉、大米、豆类、玉米粉、其他谷物磨粉等;淀粉及其制品如粉皮、粉丝、粉条、淀粉;食用植物和动物油。

(3)肉禽蛋类:包括肉类、禽类、蛋类。其中,肉类包括供食用的活猪、活牛、活羊、家兔及其鲜(冻)肉和肉制品(不含各种肉罐头,统计在其他食品类);禽类包括供食用的活鸡、活鸭、活鹅和其他人工饲养的活禽类及其鲜(冻)、腌制和卤熟制品;蛋类包括鸡、鸭、鹅和其他禽类的鲜蛋、再制蛋。

(4)水产品类:包括淡海水产的鲜、干鱼、虾、蟹、藻类、贝类、软体类、腔肠类等水产品。

(5)蔬菜类:包括各类蔬菜。

(6)干鲜果品类:包括新鲜瓜果、干果及蜜饯果脯等干鲜果。

(7)饮料类:指供食用的各种饮料。包括液体型饮料,如汽水、果菜汁、矿泉水等;冷冻饮品;固体饮料;茶叶、咖啡、可可和其他饮料。

(8)烟酒类:包括酒类和烟草加工品。酒类,包括白酒、啤酒、黄酒、果露酒。烟草加工品,包括卷烟、雪茄烟、烟丝、莫合烟、鼻烟等烟草加工品，不包括烤烟、晒烟等烟草加工原料。

（9）服装、鞋帽、针纺织品类：指服装、鞋帽、针织品和纺织品的集合。

（10）服装类：包括以棉布、棉化纤混纺布、化纤布、麻布、呢绒、绸缎、裘皮、化纤针织面料等为原料缝制的各种男、女、成人、儿童的单、夹、棉、皮等各种服装（包括内衣裤、外衣裤、衬衣、衬裤、胸罩、裙子等）；以毛线、丝线、麻线和各种混纺线编织的各种服装，如毛衣、毛衫、毛裤。

（11）鞋帽类：包括皮鞋、胶鞋、布鞋和全塑料鞋。鞋包括各种材料制作的靴子、凉鞋、便鞋、拖鞋、运动鞋、旅游鞋、春秋鞋。帽包括各种面料、各种式样的男、女、童、婴儿帽子。

（12）针、纺织品类：针织品包括纯棉、纯化纤、化纤与棉（包括短涤纶）混纺的针棉织品、毛毯、线毯、地毯、毛巾、毛线。毛织物等纯纺、纯化纤、混纺针织品及化纤针织面料。纺织品包括布（包括棉布、棉花化纤混纺布、化纤布等外棉棉布、玻璃纤维布、再生纤维布、野杂纤维布、土纺布、无纺布、漆布等）；呢绒（包括涤纶混纺物）；绸缎；麻布；纱类（包括棉纱、等外棉棉纱、玻璃纤维纱、再生纤维纱、野杂纤维纱、废纱、土纱、麻绒等纺织品）。针、纺织品包括除服装外的制成品，如床上用品、袜子、针纺织手套、窗帘等。

（13）化妆品类：包括护肤品，如霜、香脂、乳液、润肤油等；美容品，如香粉（粉饼）、胭脂、唇膏、眼影、眉笔、指甲油及各种化妆盒、假发等；护发美容品，如发油、发露、发蜡、发宝、营养发水、护发素、发胶、摩丝、各种染发剂等；清洁化妆用品，如洗发香波、洗发膏、洗发精、浴液、剃须膏、花露水、爽身粉、腋下香、香水等；药物美容用品，如防秃生发水、浓眉露、止痒水（粉）、祛斑霜、粉刺露、防晒剂、痱子粉（水）、减肥霜等以及其他化妆品。

（14）金银珠宝类：指以金、银、铂等金属及钻石、宝（玉）石、翡翠、珍珠、水晶、象牙、骨角等为原料，经加工和连接组合、镶嵌等方法，制成各种图案造型的装饰品、饰品、工艺品等。包括首饰，如项链、戒指、耳环、手镯、脚链、挂件、别针、发卡等；珠宝饰品，如宝（玉）石、钻石镶嵌、珍珠镶嵌;宝(玉)石首饰以及其他金银珠宝饰品等。

(15)日用品类:日用金属制品,包括精铝、铸铝、铝合金家用器皿,不锈钢制餐具,家用厨房用具及其他不锈钢制器皿等,不包括工业建筑的通用金属器皿;日用搪瓷制品,包括单瓷、双瓷的面盆、口杯及其他搪瓷制品等,不包括工业建筑的通用搪瓷制品;日用塑料制品;日用皮革制品;日用人造革制品;日用玻璃器皿;日用百货,如缝纫机、保温瓶、雨衣、理发用具、剃须刀具、火柴、打火机、腰带、刀、剪、锁、钳、卫生纸、卫生巾等;普通饰品;燃气灶具,包括燃气热水器、各种灶具;儿童玩具;洗涤用品类;手电筒;电池;照明器具,包括各种灯具、灯泡、灯管等;日用杂品,包括铁锅、笼屉、瓷碗、碟等餐具和炊事用具;清洁卫生用具、竹、木、藤、柳编制品以及炉子、烟筒和取暖设备等。钟表、眼镜包括:钟包括各种机械、石英电子的闹钟、挂钟、座钟等;手表包括各种机械、石英电子手表、怀表、秒表、其他表、钟表零配件等;眼镜包括成品眼镜、眼镜架、眼镜片、眼镜毛坯、眼镜零配件等。工艺美术品,包括雕塑工艺品,如玉雕、牙雕、金属工艺品、漆器工艺品、画类工艺品;人造花卉;天然植物、纤维编织工艺品,如竹编工艺品、藤编工艺品、草编工艺品;刺绣工艺品;抽纱工艺品;烟花爆竹等。人力或助动车类及配件,如自行车、助动自行车、三轮车、残疾人座车(无论是否装有发动机)、婴儿推车和手推车等及配件。

(16)洗涤用品类:包括洗衣粉、肥皂、香皂、浴皂、药皂、牙膏及各种清洁洗涤剂(膏、液、粉)等日用洗涤用品。

(17)儿童玩具类:包括各种材质制作的玩具。

(18)五金、电料类:包括五金工具、电工工具、工具配件、水暖器材、各种专用工具、五金杂品等各类五金商品、木瓦工具、电工、电汛器材及配件等各类商品。

(19)体育、娱乐用品类:包括体育用品,球类、球类器材、体操运动器材、举重运动器材、田径运动器材、水上运动器材、冰雪运动器材、射击、射箭、击剑器材、场地器材、航空、航海模型材料、健身器材、运动保护用具、钓鱼用具等。健身器材:包括各种通过器械达到锻炼身体、提高身体素质目的的器材,如侧重于肌肉训练的,如扩胸机、举重床、目重式健力器、哑铃组合架、坐式后拉器、卧式后屈腿训练器等；侧重于身体素质训练的，如跑步机、健步器、骑马机、滑雪器、健骑机等，以及集消除疲劳、减肥健身为一体的各种按摩机（非电动）、健腹器等。游艺器材：包括游戏机、插卡式电脑学习机、儿童运动游艺器材等；棋牌：包括象棋、国际象棋、围棋、克郎棋、军棋、跳棋、扑克牌、麻将牌等；戏装道具；乐器：包括中西乐器、电子乐器、乐器辅助用品及配件。照相器材，包括：摄影用品，包括照相机、座机、外拍机、胶卷胶片、相纸、放大机、照相镜头、摄像灯具照相零配件及其他摄影用品；暗房用品，如上光机、反拍机、翻版机、冲片机等；修相用品，如修相油、上光用品、修底版用具等；洗相药品，如显影液、定影液等；其他照相器材等，不包括X光胶片和工业胶片。

（20）书报杂志类：包括各种以纸介质形态出版发行的中、外文的各种书籍、课本、教材、图片、报纸和杂志。

（21）电子出版物及音像制品类：电子出版物指以数字方式将图文音像等信息编辑加工后存储在磁、光、电介质上，通过计算机或者具有类似功能的设备读取使用，用以表达思想、普及知识和积累文化，并可复制发行的大众传播媒介，其媒体形态包括软磁盘（FD）、只读光盘（CD-ROM）、交互式光盘（CD-I）、照片光盘（PHOTO-ROM）、高密度只读光盘（DVD-ROM）、集成电路卡（IC CARD）等其他媒体形态。音像制品是指各种磁、光、电介质的录音、录像的磁带、光盘（CD、LD、VCD、DVD）等，包括各种空白的录音带、录像带、光盘。

（22）家用电器和音像器材类：洗涤电器，包括洗衣机、甩干机；制冷电器，包括电冰箱、电冰柜；清洁电器，包括吸尘器、加湿器、空气净化器、电熨斗、电风扇、房间空调器、电淋浴器等；家用厨房电器具，包括食品加工机、抽排油烟机、微波炉、电饭煲、电烤箱、洗碗机、消毒柜；家用保健电器，包括电取暖器、电动按摩器等。音像器材类：包括电视机、录音机、录像机、摄像机、收音机、幻灯机、组合音响、影碟机（LD、CD、VCD、DVD 等）、专业音响器材、专业声像器材以及配件等。

（23）中西药品类：指人用的各种中西药品、中药材以及各种小型医疗用品、敷料。不包括医疗用的各种大型设备，如CT机、核磁共振器等,以及兽用的各种药品、医疗器材(统计在"其他类")。

(24)西药类:指以化学物质为原料根据药典或处方生产的用于预防、治疗、诊断人体的疾病,有目的地调节人体的生理机能并规定有适应症、用法和用量的物质。包括化学药品制剂、放射性药品、血清疫苗、血液制品和诊断药品等,但不包括化学试剂。

(25)中草药及中成药类:指用于预防、治疗人体的疾病,有目的地调节人体的生理机能并规定有适应症、用法和用量的物质。包括中药材、中药饮片、中成药。中药材:指在自然界中天然生长或人工种植、养殖、采掘的可用于加工中药饮片和中成药的物质,包括各种植物、动物、矿物等。中药饮片:指以中药材(包括各种药用植物、动物、矿物)为原料用于预防、治疗人体的疾病,有目的地调节人体的生理机能并规定有适应症、用法和用量的物质。中成药:指以中药材(包括各种药用植物、动物、矿物)为原料根据药典或处方生产的用于预防、治疗人体的疾病,有目的地调节人体的生理机能并规定有适应症、用法和用量的制剂,包括各种剂型(丸、散、膏、丹、胶、药酒、露、冲剂及改良剂型)的中成药,但不包括冰片、牛黄(天然或人工牛黄)。

(26)文化办公用品类:包括学习和办公用的纸张、本册、打字机、油印机、速印机、复印机、计算器、算盘、文具、普通测绘仪器、印刷材料以及教学用的设备、器材、标本、模型等。计算机及其配套产品,包括CPU在80186以上的大、中、小、微型、便携式电子计算机(包括多媒体计算机)和计算机的辅助设备,如服务器、扫描器、打印机(针式、喷黑、激光)、不间断电源、多媒体配件,以及专用设备、零配件,计算机用磁盘、磁带、打印机用纸、色带等。不包括单板机、插卡式电脑学习机(统计在"体育、娱乐用品类"),也不包括各种电子计算机软件(统计在"电子出版物及音像制品类"中,随机附赠品除外)。

(27)家具类:指用木材、金属、塑料、藤、竹等为主要原料制成的供人们生活、学习、工作、休息用的各种普通家具和具有特定用途的专用家具,包括床、桌、茶几、椅子、凳、沙发、衣箱、架、屏风和成套、组合家具,以及医院、学校、图书馆、旅游、办公等专用家具。

(28)通信器材类:包括电话机(有线电话、移动电话、小灵通)、寻呼机、传真机等以及通信器材配套产品。

（29）煤炭及制品类：包括原煤、煤炭和低热值煤产品，洗煤、筛选块煤、筛选混煤及混末煤、焦炭、石油焦、半焦，煤制品，如煤饼（块）、煤球等。

（30）木材及制品类：包括木、竹采伐产品、如原木、小规模木材、薪炭木材、毛竹、篙竹等；木材、竹非生活制品，锯材、木材、人造板、木材防腐制品，木、竹工业、建筑业用品，藤、棕、柳条工业制品等。

（31）石油及制品类：包括原油、炼厂气体、汽油、煤油、柴油、燃料油、工业燃料、溶剂油、润滑油、石蜡、地蜡、专用蜡、凡士林、洗涤剂原料、石油腊类、石油沥青、标准油、白色油、软麻油、原料油、润滑脂、石油酸、石油皂、液化石油气等。

（32）化工材料及制品类：包括化学矿采选品，如硫铁矿、磷矿、硼矿、钾矿、天然硫磺、钙芒硝矿、芒硝矿、蛇纹矿、天然矿、重晶石、督重石、天青石、雄黄石、明矾石等；化工产品（不包括日用化工产品，统计在"日用品类"或"化妆品类"）；无机化学品、化学肥料、化学农药；有机化学品、颜料、染料、催化剂、助剂、添加剂、粘合剂、高分子聚合物、信息用化学品、化学试剂、X光胶片、工业用胶片等；橡胶制品（不包括日用橡胶制品，统计在"日用品类"），如橡胶运输带、橡胶类传输带、橡胶三角带、橡胶风扇带、橡胶胶管、再生胶、橡胶导风管、橡胶浮筒、橡胶杂品、乳胶制品、橡胶密封制品、特种橡胶制品、软胶壳、微孔橡胶隔板、胶绳、胶筋、胶液、密封腻子等；塑料制品（不包括日用塑料制品，统计在"日用品类"），如塑料薄膜、塑料板材、塑料管、塑料棒、塑料异型材、塑料丝、塑料人造革、塑料合成革、泡沫塑料、塑料工业配件、塑料包装箱及容器等塑料原料。

（33）化肥类：包括氮肥、磷肥、钾肥、复合肥。氮肥包括：液氮、尿素、硝酸铵、氯化铵、硫酸铵、氨水；磷肥包括：重过磷酸钙、普通过磷酸钙；钾肥包括：氯化钾、硫酸钾、窑灰钾、钾镁肥；复合肥包括：氮磷肥、氮钾肥、磷钾肥、氮磷钾肥、硝酸磷、氮钾混合肥等、铵磷钾、磷酸铵。不包括磷矿粉肥和"土法"生产的各种化学肥料，如硫磺脚渣提炼的硫磺铵、硝酸钾、土制过磷酸钙和磷酸钾；微量元素的化学肥料（如钾酸铵）也不包括在内。

（34）金属材料类:包括各种黑色金属材料和有色金属材料。黑色金属包括各种工业矿采选品:黑色金属矿采选品,如铁矿石原矿、铁矿石成品矿、人造富铁矿、锰矿石原矿、锰矿石成品矿、人造富锰矿、铬矿石原矿、铬矿石成品矿等;包括黑色金属冶炼及其压延产品,如钢、生铁、铁合金、钢材、钢坯、钎子钢、轧制钢球、重熔钢、炼铁副产品、球墨铸铁、金属化球团、海绵铁、钒渣和粗末冶金原料、钢板网等。

有色金属包括有色金属矿采选产品,如重有色金属矿采选产品、轻有色金属矿采选产品、贵金属矿采选产品、稀有金属矿采选产品等;包括有色金属矿冶炼及其压延产品,如有色金属矿冶炼产品、轻有色金属矿冶炼产品、稀土金属冶炼产品、稀散金属及半金属冶炼产品、高纯及超纯有色金属、重有色金属合金、硬质合金、稀有稀土金属合金、稀有放射性金属冶炼产品、重有色金属加工材、双金属材、轻有色金属加工材、贵金属加工材、稀有金属加工材、有色金属加工材、半导体材料等。

（35）建筑及装潢材料类:非金属矿采选成品,如土砂石矿品、耐火土石开采及其初加工品、工艺美术品用非金属矿、石棉、工业原料用云母、石墨、石膏、工业原料滑石、滑石粉、金刚石、水晶、冰洲石、次土、膨润土及其初加工品、长石、叶蜡石、蛭石、硅线石、凹凸奉石、海泡石、浮石、沸石、珍珠岩、霞石正方岩、刚玉、硅藻石、硅石灰石等。包括各种建筑材料及其他非金属矿物制品,如水泥、无熟料水泥、水泥熟料、水泥混凝土制品、水泥预制构件、纤维增强水泥制品、砖、瓦、建筑砌砖、石灰、轻质建筑材料、建筑用石材加工品、建筑防水材料。建筑保温材料、建筑用玻璃制品、平板玻璃、压延玻璃、磨砂玻璃、喷花玻璃、中空玻璃、热反射玻璃、吸热玻璃、玻璃砖、泡沫玻璃、工业技术玻璃、特种玻璃、玻璃纤维及其制品,石英玻璃及其制品、光学玻璃、玻璃仪器、绝缘玻璃、玻璃保温容器(不包括日用玻璃保温容器,统计在"日用百货类")、普通陶瓷制品(不包括陶瓷餐具,该商品统计在"日用品类")、工业陶瓷、高压绝缘子、低压绝缘子耐火材料制品、玻璃窑专用耐火材料、石墨及碳素制品、碳化纤维、石墨热交换器。石棉制品、云母制品、磨料和磨具、铸石、化学石膏、人造水晶、合成云母、人造金刚石、晶体材料、晶体镀膜材料等,也包括各种办公和家庭用的室内装饰材料,如地板、地板革、墙纸。墙布、涂料、乳胶漆及各种装饰用具。但不包括家具、清洁电器和家用厨房电器具。

(36)机电产品及设备类:包括普通机械,如锅炉及原动机、金属加工机械、通用机械、铸锻件及通用零部件、工业专用设备、建筑工程机械、钻探机械等;交通运输机械,如铁路运输设备、飞行器、工矿设备、船舶及其辅机、摩托车(不包括汽车、汽车底盘及汽车配件,统计在"汽车类");电器机械及器材,如电机、输变电设备、电工器材等;各种农林牧渔业机械;电子产品及通信设备(不包括家用电脑机及其各种配套产品,统计在"文化办公用品类"),如雷达和无线电导航设备、通信设备(不包括电话机、移动电话、BP机等,统计在"通信器材类")、广播电视设备(不包括家用电视机、录音机、录像机、摄像机等,统计在"家用电器和音像器材类")、电子元件、电子器件、仪器仪表、计量标准仪具及量具、衡器。

(37)农机类:指各种农林牧渔业机械。包括农机具、农药具、农用车、农用动力机械等,如拖拉机、收割机、机引犁、机引耙、机引播种机、机动三轮车。拖车、机动植保机械、机动畜牧机械、机动脱粒机、内燃发动机组、水泵、喷灌机;以及各种零配件,电动机、柴油机、手推车车轮等。

(38)汽车类:包括载货汽车、越野汽车、自卸汽车、牵引汽车、专用汽车、客车、轿车和汽车底盘、汽车配件等。

(39)种子饲料类:指各种植物的种子、种苗和饲料。不包括人们以娱乐、休闲为目的而饲养各种动物的从专门商店购买的宠物食品。

(40)棉麻类:棉,包括籽棉、细绒棉、长绒棉、絮棉、棉短绒;麻,包括黄麻、红麻、苎麻、大麻、亚麻、剑麻。蚕茧,包括桑蚕茧、柞蚕茧、蓖蚕茧和其他蚕茧等。

(41)其他类:指以上各类未包括的商品类别。如医疗器材、文物、古董、现代绘画作品、土特产品、畜产品、禽畜用的药品、肠衣和其他畜产品以及各种废旧物资等。

资料来源:国家统计局贸易外经统计司等编《商品交易市场统计年鉴 2007》,中国统计出版社 2007 年版。

参考文献

年鉴类

[1] 阿不拉·玉素甫主编,新疆维吾尔自治区第一次全国经济普查领导小组办公室编.新疆经济普查年鉴:2004.北京:中国统计出版社,2006.

[2] 安徽省第一次经济普查领导小组办公室编.安徽经济普查年鉴:2004.北京:中国统计出版社,2006.

[3] 北京市第一次全国经济普查领导小组办公室,北京市统计局编.北京经济普查年鉴:2004.北京:中国统计出版社,2006.

[4] 甘肃省第一次经济普查领导小组办公室编.甘肃经济普查年鉴:2004.兰州:甘肃人民出版社,2007.

[5] 广东省统计局编.广东统计年鉴(2001—2013 各年).北京:中国统计出版社,2001—2013.

[6] 广东省第一次全国经济普查领导小组办公室编.广东经济普查年鉴:2004.北京:中国统计出版社,2006.

[7] 广西壮族自治区第一次全国经济普查领导小组办公室编.广西经济普查年鉴:2004.北京:中国统计出版社,2006.

[8] 国家统计局贸易物资统计司编.中国国内市场统计年鉴(1993).北京:中国统计出版社,1993.

[9] 国家统计局编.中国统计年鉴(2001—2013 各年).北京:中国统计出版社,2001—2013.

[10] 国家统计局贸易外经统计司等编.中国商品交易市场统计年鉴

（2001—2013 各年）.北京：中国统计出版社，2001—2013.

[11] 国家统计局城市社会经济调查司编.中国城市统计年鉴. 2003—2013.

[12] 国家统计局编.中国统计摘要 2014.北京：中国统计出版社，2014.

[13] 哈尔滨市统计局编.哈尔滨统计年鉴（2002—2013 各年）.北京：中国统计出版社，2002—2013.

[14] 海南省第一次经济普查领导小组办公室编.海南经济普查年鉴：2004.海口：海南出版社，2006.

[15] 河北省第一次经济普查领导小组办公室编.河北省第一次经济普查资料汇编.河北省统计局，2007.

[16] 呼和浩特市统计局编.呼和浩特经济统计年鉴（2002—2013 各年）.北京：中国统计出版社，2002—2013.

[17] 湖北省第一次经济普查领导小组办公室，湖北省统计局编.湖北经济普查年鉴：2004.北京：中国统计出版社，2006.

[18] 湖南省统计局编.湖南统计年鉴（2001—2013 各年）.北京：中国统计出版社，2001—2013.

[19] 侯碧波总编，青海省统计局编.青海省经济普查年鉴：2004.青海省统计局，2006.

[20] 姜志悌总编，辽宁省第一次全国经济普查领导小组办公室编.北京：中国统计出版社，2006.

[21] 李斌主编，内蒙古自治区统计局、内蒙古自治区第一次全国经济普查领导小组办公室编.内蒙古经济普查年鉴：2004.内蒙古自治区统计局，2006.

[22] 李灿光主编，云南省人民政府第一次全国经济普查领导小组办公室编.云南经济普查年鉴：2004.北京：中国统计出版社，2007.

[23] 李玉涛主编，黑龙江人民政府第一次全国经济普查领导小组办公室编.黑龙江经济普查年鉴：2004.北京：中国统计出版社，2006.

[24] 刘带春总编，贵州省人民政府第一次全国经济普查领导小组办

公室编.贵州经济普查年鉴:2004.北京:中国城市出版社,2006.

[25] 刘永奇主编,河南省第一次全国经济普查领导小组办公室编.河南经济普查年鉴:2004.北京:中国统计出版社,2006.

[26] 昆明市统计局编.昆明统计年鉴(2002—2013各年).北京:中国统计出版社,2002—2013.

[27] 孟令德主编,吉林省人民政府第一次全国经济普查领导小组办公室编.吉林省第一次全国经济普查年鉴:2004.长春:吉林人民出版社,2006.

[28] 南昌市统计局编.南昌经济社会统计年鉴(2002—2013各年).北京:中国统计出版社,2002—2013.

[29] 南京市统计局编.南京统计年鉴(2002—2013各年).北京:中国统计出版社,2002—2013.

[30] 潘振文主编,山东省第一次经济普查领导小组办公室编.山东经济普查年鉴:2004.山东省第一次经济普查领导小组办公室,2006.

[31] 任才方主编,国务院第一次经济普查领导小组办公室编.中国经济普查年鉴:2004,北京:中国统计出版社,2006.

[32] 山西省第一次全国经济普查领导小组办公室编.山西经济普查年鉴:2004.北京:中国统计出版社,2006.

[33] 山东省统计局编.山东统计年鉴(2002—2013各年).北京:中国统计出版社,2002—2013.

[34] 上海市第一次经济普查领导小组办公室,上海市统计局编.上海经济普查年鉴:2004.北京:中国统计出版社,2007.

[35] 石家庄市统计局编.石家庄统计年鉴(2002—2013各年).北京:中国统计出版社,2002—2013.

[36] 四川省人民政府经济普查领导小组办公室,四川省统计局编.四川经济普查年鉴:2004.成都:西南财经大学出版社,2007.

[37] 太原市统计局编.太原社会经济统计年鉴(2002—2013各年).北京:中国统计出版社,2002—2013.

[38] 天津市第一次经济普查领导小组办公室,天津市统计局编.天津

经济普查年鉴：2004.天津市统计局，2006.

[39] 王卫主编，重庆经济普查领导小组办公室编.重庆经济普查年鉴：2004.北京：中国统计出版社，2006.

[40] 王建农主编，江西省第一次经济普查领导小组办公室编.江西经济普查年鉴：2004.北京：中国统计出版社，2006.

[41] 王莉霞总编，陕西省人民政府第一次经济普查领导小组办公室编.陕西经济普查年鉴：2004.北京：中国统计出版社，2006.

[42] 伍祥主编，江苏省第一次全国经济普查领导小组办公室编.江苏经济普查年鉴：2004.北京：中国统计出版社，2006.

[43] 西安市统计局编.西安统计年鉴（2002—2013 各年）.北京：中国统计出版社，2002—2013.

[44] 厦门市经济特区年鉴编委编.厦门经济特区年鉴（2002—2013 各年）.北京：中国统计出版社，2002—2013.

[45] 银川市统计局.银川统计年鉴（2002—2013 各年）.北京：中国统计出版社，2002—2013.

[46] 张福坤总编，福建省第一次全国经济普查领导小组办公室编.福建经济普查年鉴：2004.北京：中国统计出版社，2006.

[47] 浙江省第一次经济普查领导小组办公室编.浙江经济普查年鉴：2004.北京：中国统计出版社，2006.

[48] 郑州市统计局.郑州统计年鉴（2002—2013 各年）.北京：中国统计出版社，2002—2013.

[49] 中华人民共和国农业部计划司编.中国农村经济统计大全（1949—1986）.北京：农业出版社，1989.

[50] 中国交通年鉴编辑部编.中国交通年鉴（2005）.北京：中国交通年鉴社，2005.

[51] 中国工商行政管理年鉴编辑部.中国工商行政管理年鉴（2004）.北京：中国工商出版社，2004.

[52] 周鸿恩，虎跃峰主编，宁夏回族自治区第一次全国经济普查领导小组办公室编.宁夏经济普查年鉴：2004.北京：中国统计出版社，2007.

论文和著作类

[1] 白重恩,杜颖娟,陶志刚,等.地方保护主义及产业地区集中度的决定因素和变动趋势.经济研究,2004(4):29—40.

[2] 白小虎.专业市场集群的范围经济与规模经济——义乌小商品市场的实证分析.财贸经济,2004(2):55—59.

[3] 陈立旭.文化因素与浙江经济体制变迁、经济绩效.浙江社会科学,2001(2):41—46.

[4] 陈琦嵘.中国小商品城纵观.北京:红旗出版社,1994.

[5] 陈洪才.廿三里鸡毛换糖史话.北京:中国国际文化出版社,2008.

[6] 陈廷煊.国民经济恢复时期(1949—1952)的商品市场与物价管理.中国经济史研究,1995(2):69—75.

[7] 丛树海,张桁.新中国经济发展史(1949—1998)(上).上海:上海财经大学出版社,1990.

[8] 慈鸿飞.近代中国镇、集发展的数量分析.中国社会科学,1996(2):27—39.

[9] 国家统计局和国家经济贸易委员会联合调查组.对全国商品交易市场的快速调查.中国商贸,2000(2):20—22.

[10] 国家工商行政管理总局市场规范管理司.中国商品交易市场概览.北京:新华出版社,2013.

[11] 国家工商行政管理总局市场规范管理司.中国网络商品交易报告.北京:中国广播电视出版社,2012.

[12] 郭今吾主.当代中国商业(上).北京:中国社会科学出版社,1988.

[13] 胡琦.义乌的"敲糖帮".载浙江省政协文史资料委员会编.浙江文史集粹(经济卷)(下册).杭州:浙江人民出版社,1996:95—108.

[14] 黄国雄,刘玉奇,王强.中国商贸流通业60年发展与瞻望.财贸经济,2009(9):26—32.

[15] 洪涛.中国流通产业60年轨迹、经验与问题.市场营销导刊,2009(5):3—6.

[16] 金祥荣,柯荣住.对专业市场的一种交易费用经济学解释.经济研究,1997(4):74—79.

[17] 金祥荣,张金山,郑勇军,等.组织创新与区域经济发展.杭州:杭州大学出版社,1998.

[18] 金明路.各类专业市场的存在基础与发展前景.浙江社会科学,1996(5):21—22.

[19] 李善同,侯永志,刘云中,等.中国国内地方保护问题的调查与分析.经济研究,2004(11):78—84.

[20] 李家祥,王强.建国五十年来商品流通体制的沿革与启示.天津师范大学学报,1994(4):1—6.

[21] 刘建生,刘鹏生.晋商研究.太原:山西人民出版社,2002.

[22] 李炳生.1949—1965年中国国营商业发展研究.贵州财经大学硕士论文,2013.

[23] 李建中.论1958—1961年的中国农村商业.农业考古,2013(3):217—221.

[24] 陆立军,白小虎.从"鸡毛换糖"到企业集群——再论"义乌模式".财贸经济,2000(11):64—70.

[25] 陆立军,白小虎,王祖强.市场义乌——从鸡毛换糖到国际贸易.杭州:浙江人民出版社,2003.

[26] 楼益圣.财税部门为"拨浪鼓"护航.义乌方志,2005(3):73.

[27] 钱滔.浙江专业市场研究的回顾与展望.载史晋川等著.浙江省改革开放研究的回顾与展望.杭州:浙江大学出版社,2007:107—126.

[28] 《上海工商行政管理志》编辑委员会主编.上海工商行政管理志.上海:上海社会科学院出版社,1997.

[29] 商业部百货局编.中国百货商业.北京:北京大学出版社,1989.

[30] 盛世豪.专业市场的形成及其主要特点.浙江社会科学,1996(5):22—25.

[31] 石忆邵,张雪伍.中国亿元商品交易市场的集中化与专业化空间态势.地理学报,2008(4):386—394.

[32] 苏星,杨秋宝.新中国经济史资料选编.北京:中共中央党校出版社,2000.

[33] 王汉文,张旭昆.专业市场的类型及其生命周期.中共浙江省委

党校学报，1998(3):10-13.

[34] 汪丁丁,贾拥民.一个嵌入社会网络的市场经济:义乌案例.社会科学战线,2007(1):47-61.

[35] 王廷元,王世华.徽商.合肥:安徽人民出版社,2005.

[36] 王一胜.义乌敲糖帮——口述访谈与历史调查.上海:上海人民出版社,2012.

[37] 武力.中华人民共和国经济史.北京:中国时代经济出版社,2009.

[38] 吴志雄.中国市场第一证.义乌方志,2003(4)4.

[39] 徐建青.50年代农村商品市场变化疏略.中国经济史研究,2000(1):86-94.

[40] 杨望德.提篮叫卖的批发市场.义乌方志,2002(3-4).

[41] 义乌县供销社志编写小组.义乌县供销社志,1987.

[42] 义乌市工商行政管理局编.义乌市工商行政管理志,1992.

[43] 义乌市统计局编.义乌解放四十年,1989.

[44] 张福林,段进朋,邹春林.中国集贸市场.西安:陕西科学技术出版社,1992.

[45] 张仁寿.对专业市场的若干思考.浙江社会科学,1996(5):16-18.

[46] 张旭亮,宁越敏.中国商品交易市场发展时空差异及其形成机理探析.地理科学,2010(4):481-488.

[47] 张金龙.市场源流——专业村细说.义乌方志,2002(3-4):77.

[48] 张先友.论新中国党的集市贸易政策的形成和发展.湖南经济管理干部学院学报,2005(1):19-20.

[49] 赵德馨.中国经济通史第十卷(上册).长沙:湖南人民出版社,2002.

[50] 浙江省政协文史资料委员会.浙江文史资料第六十辑:小商品大市场——义乌中国小商品城创业者回忆录.杭州:浙江人民出版社,1997。

[51] 浙江省商业厅商业史编辑室.浙江当代商业史.杭州:浙江科学技术出版社,1990.

[52] 郑勇军.专业市场的功能及其发展前景.浙江社会科学,1996(5):

20—21.

[53] 郑勇军.浙江农村工业化中的专业市场研究.浙江社会科学,1998(6):10—16.

[54] 郑勇军,金祥荣.农村制度变迁中的专业市场制度.经济学家,1995(1):88—92.

[55] 郑勇军,袁亚春,林承亮等.解读"市场大省"——浙江专业市场现象研究.杭州:浙江大学出版社,2003.

[56] 钟兴永.中国集市贸易发展简史.成都:成都科技大学出版社,1996.

[57] 中国社会科学院,中央档案馆.1949—1952 中华人民共和国经济档案资料选编·商业卷.北京:中国物资出版社,1995.

[58] Amiti, Mary, and Beata Smarzynska Javorcik, Trade and Location of Foreign Firms in China. Journal of Development Economics,2008,(85):129-149.

[59] Antras, Pol, and Elhanan Helpman. Global Outsourcing. Journal of Political Economy,2004,112(3):552-580.

[60] Anderson, J. , and E. , van Wincoop. Gravity with Gravitas: A Solution to the Border Puzzle. American Economic Review, 2003, 93(1): 170-192.

[61] Coles, Melvyn G. ,and & Eric Smith. Marketplaces and Matching. International Economic Review,1998,(40)4:239-254.

[62] Coles, M. G. Turnover Externalities with Marketplace Trading. International Economic Review,1999,(40) 4:851-868.

[63] Harris, Chauncey D. The Markets as a Factor in the Localization of Industry in the United States. Annals of the Association of American Geographers,1954,(44):315-348.

[64] Helpman Elhanan, Marc J. Meltz, and Stephen R. Yealpe. Export versus FDI with Heterogeneous Firms. American Economic Review,2004,(44) 1:300-316.

[65] Holmstrom, B. , and P. Milgrom, The Firm as an Incentive

System. American Economic Review, 1994,(84): 972-991.

[66] James E. Anderson, and Eric van Wincoop. Gravity with Gravitas: A Solution to the Border Puzzle. American Economic Review, 2003,(93) 1:170-192.

[67] Kumar, Anjali. China: Internal Market Development and Regulation. World Bank County Study. World Bank, Washington DC. , 1994.

[68] Krugman, Paul, and Anthony J. Venables. Globalization and the Inequality of Nations. Quarterly Journal of Economics, 1995,(110):857-880.

[69] Leamer, E. D. Access to Western Markets and Eastern Effort. In: Zecchini. S. (E)d. , Lessons form the Economic Transition. Central and Eastern Europe in the 1990s. Kluwer Academic Publishers, Dordrecht, 1997:503-526.

[70] Markusen, James R. , and Anthony J. Venables. Multinational Firms and New Trade Theory. Journal of International Economics, 1998,(46):183-203.

[71] Markusen, James R. , and Anthony J. Venables. The Theory of Endowment, Inrra-industry an Multinational Trade. Journal of International Economics,2000,(52):209-234.

[72] Meltz, Marc J. The Impact of Trade on Intra-industry Reallocations and Aggregate Industry Productivity. Econometria, 2003, 71 (6): 1695-1725.

[73] Milgrom, P. , and J. Roberts. The Economics of Modern Manufacturing: Technology, Service, and Organization. American Economic Review, 1990,(80): 511-528.

[74] Naughtion, Barry. How Much Can Regional Integration Do to Unify China's Markets? The Amreican Economic Review. 1999, 86(5):1112-1125.

[75] Poncet, Sandra. Measuring Chinese Domestic and International

Integration. China Economic Review,2003(14):1-21.

[76] Poncet，Sandra. A Fragmented China：Measure and Determinants of Chinese Domestic Market Disintegration. Review of International Economics,2005,13(3):409-430.

[77] Young，Alwyn. The Razor's Edge：Distortions and Incremental Reform in the People's Republic of China. Quarterly Journal of Economics,2000,(115):1091-1135.

其他参考资料

[1] 吴志雄. 市场落地前的啼鸣（上）. http://www. ywnews. cn/20040309/ca779. htm.

[2] 吴志雄. 市场落地前的啼鸣（中）. http://www. ywnews. cn/20040309/ca778. htm.

[3] 吴志雄. 市场落地前的啼鸣（下）. http://www. ywnews. cn/20040309/ca777. htm.

[4] 义乌官网专题：重走鸡毛换糖之路. ,http://www. yw. gov. cnzfzxztbd/czjmhtl/index. shtml.

[5] 义乌市（县）志. http://www. yw. gov. cnzjywdfzjywxzywxz/sy/200706/t20070605_7963. shtml.

[6] 中国电子商务研究中心.中国电子商务市场数据监测报（2010－2013 各年）,http://www. 100ec. cn/zt/2013ndbg.

[7] 浙江省工商局.浙江省年度商品交易市场运行情况（2003－2013 各年）,http://www. saic. gov. cn.

[8] 浙江省历年《浙江省国民经济和社会发展统计公报》.

索　引

后　记

　　本书缘起于我在北京大学光华管理学院博士后工作站期间对中国商品交易市场发展机制的思考和研究。在博士后出站报告基础上，结合近期相关课题对中国商品交易市场的历史沿革、运作机理、区域差异以及小商品市场与小微企业互动机制进行了深化研究而成此书。即将付梓之际，感慨良多。时光飞逝，带走了青葱岁月，却带不走岁月留下的痕迹。求学之路原本是苦乐相伴之旅，然而回忆中似乎只留下了美好。在此衷心感谢我的两位导师，史晋川教授和张维迎教授，两位老师不仅治学严谨，知识渊博，带我进入经济学的美妙殿堂；他们更严于律己，宽以待人，身体力行传授做人之道。我很荣幸能够成为您的学生，并以此鞭策自己不懈进取。

　　在我求学和工作过程中得到众多师友的帮助和支持，要感谢的人太多，恐具名难免挂一漏万，在此一并深深致谢！

　　在本书资料收集过程中得了江俊达、毛鹏飞的帮助，非常感谢！受学识所限，书中疏漏之处在所难免，请读者不吝指正。

　　最后，我想把这本书送给我的先生和女儿，希望你们喜欢这个礼物。

吴意云

2014 年 12 月于紫金港